U0895051

GUOYOUQIYE JINGWAI SHANGSHI DE
ZIBEN CUOPEI JIUZHENG XIAOYING YANJIU

国有企业境外上市的资本错配纠正效应研究

乔敏健 ◎ 著

中国财经出版传媒集团

图书在版编目（CIP）数据

国有企业境外上市的资本错配纠正效应研究/乔敏健著．—北京：经济科学出版社，2021.1
ISBN 978 -7 -5218 -2318 -9

Ⅰ.①国…　Ⅱ.①乔…　Ⅲ.①国有企业－境外上市－研究－中国　Ⅳ.①F279.241

中国版本图书馆 CIP 数据核字（2021）第 013956 号

责任编辑：崔新艳
责任校对：靳玉环
责任印制：李　鹏　范　艳

国有企业境外上市的资本错配纠正效应研究
乔敏健　著
经济科学出版社出版、发行　新华书店经销
社址：北京市海淀区阜成路甲 28 号　邮编：100142
经管中心电话：010 -88191335　发行部电话：010 -88191522
网址：www.esp.com.cn
电子邮箱：espcxy@126.com
天猫网店：经济科学出版社旗舰店
网址：http：//jjkxcbs.tmall.com
北京季蜂印刷有限公司印装
710×1000　16 开　9.75 印张　180000 字
2021 年 3 月第 1 版　2021 年 3 月第 1 次印刷
ISBN 978 -7 -5218 -2318 -9　定价：50.00 元
（图书出现印装问题，本社负责调换。电话：010 -88191510）

推动中资企业境外上市，为构建新发展格局提供动力

（代序）

研究国有企业乃至所有中资企业境外融资对改进企业资本效率的影响是公司治理领域的一个重要议题。本书以作者的博士论文为基础，对此做了较为系统和规范的分析。受敏健之邀为该书的出版作序，作为导师，无须再对其内容和方法进行评价。这是由读者和同行做的事情。在这里，我想指出的是，中资企业境外上市一方面有助于提高微观经济层面的效率，这也是本书的核心结论；另一方面，中资企业通过境外上市客观上引入了竞争机制，从而成为经济增长的重要动力。在这种意义上，它还具有十分重要的宏观经济效应。如果我们把中资企业境外上市看成是中国对外开放的有机组成部分，那么，未来它将会在构建新发展格局过程中发挥不可或缺的作用。

加快构建以国内大循环为主体、国内国际双循环的新发展格局是中国经济未来的发展方向。为此，中国经济学界投入了大量的研究，但大多数研究集中于宏观经济层面，其中最核心的问题是外部需求与内部需求的关系，进而这种关系又被简化为贸易依存度的变化。在这种分析框架下，贸易依存度提升被看成是外需的增加与国际循环的扩大，反之则被视为内需增加和国内循环的扩大。改革开放四十年来，贸易依存度也常被视为中国对外开放的最重要指标。这一指标从1978年之前的不足10%上升到2006年的67%。伴随国际金融危机的爆发，外部需求疲软与国内大规模投资，贸易依存度目前已经下降到了35%左右。但相比美国这样的大国，中国的贸易依存度仍然较高。依照这种逻辑，加快构建新发展格局的出路就演变为贸易依存度的调整方向之争。从宏观经济学的角度来看，这一逻辑推理并无任何问题，因为国民收入等式就是由内需和外需两部分组成的，扩大内需（比例）必然意味着降低外需（比例）。这

样，扩大内需与对外开放之间的关系不仅成为一个重大的理论问题，而且也是决定中国经济发展道路的重大实践问题。

加快构建新发展格局绝不排斥对外开放，而是要在进一步扩大开放的前提下实施国内国际双循环。如何解决扩大内需与对外开放之间的逻辑矛盾不能只在宏观层面围绕贸易依存度展开讨论。① 改革开放四十年的实践证明，宏观层面贸易依存度的提升固然是扩大开放的重要指标，但微观层面的对外开放同样重要，甚至对中国经济增长发挥着更重要的作用。② 微观层面的对外开放集中表现为企业的"引进来"与"走出去"。通过"引进来"，中国在实现"市场换技术"的同时，也实现了融入全球价值链的目标。在这种意义上，外资不仅弥补了国内资本的不足，更重要的是带来了一种包含技术与管理的"高效资本"。通过"走出去"，中国企业在扩大市场份额的同时，提高了自身的国际竞争力。无论是"引进来"还是"走出去"，微观层面对外开放的最大收益是引入了竞争机制，从而提高了经济增长的动力和活力。这显然不是贸易依存度指标所能涵盖的收益。不同于宏观层面的"净出口"指标（贸易顺差）可以直接表现为经济增长的驱动力（"三驾马车"之一），对外开放的这种微观收益更像是一种"暗物质"或经济增长中的"索罗余值"。我们从经济生活的现实中可以体会到，行业的保护程度越高（缺少内外部竞争压力），企业的竞争力越低。

除了"引进来"和"走出去"外，微观层面的开放还表现为企业的境外上市。企业境外上市既有"引进来"的某些特性（引入外国资本），又有"走出去"的某些特性（企业的决策面对的是境外投资者），更重要的是它引入了外部竞争机制，即需要遵守境外资本市场的规则，与外国企业在境外资本市场竞争。如果说"引进来"和"走出去"更多是通过产品市场引入了竞争机制，那么境外上市则是通过资本市场引入了竞争机制。

回顾中资企业境外上市的发展历程可以看出，起步阶段境外上市的动机大多停留在单纯的融资上，原因是国内证券市场上市的"额度"供不应求。到了

① 仅仅运用贸易依存度衡量对外开放的程度在逻辑上是不能自洽的。比如，长期以来美国、日本的贸易依存度均低于中国，但我们显然不能推出美国、日本开放水平低于中国的结论，关键在于他们在微观层面（及规则层面）的开放水平更高。

② 规则开放是对外开放的另一个层面，它既和宏观层面开放相关也和微观层面开放相关，例如加入 WTO 之后，中国的贸易依存度和在世界市场上的份额大幅提升，同时也为企业"引进来"和"走出去"提供了前所未有的机遇。新时期中国对外开放将会更多体现为参与、融入全球经济治理体系，推进规则层面的对外开放。这不仅仅是基于经济发展的考量，也是实现中华民族伟大复兴的必然要求。

现阶段，越来越多的中资企业境外上市是为了完善公司治理机制，便于更好地“走出去”，参与全球市场竞争。尽管特朗普政府试图限制中资企业在美国证券市场的上市，但这并不能阻止中资企业境外上市的步伐。同样，伴随国内证券市场管理体制的不断完善，新股上市的注册制取代审核制也注定不会阻碍中资企业境外上市的进程。可以预测，在未来一个相当长时期内，国内上市并不会替代境外上市。即使是发达国家之间，企业的交叉上市仍然是一种普遍现象。作为中国对外开放的有机组成部分，中资企业境外上市将会获得持续的发展。

由此可见，只有从多层面（宏观、微观、规则）考察中国对外开放的方向才能回避扩大内需与对外开放之间的逻辑矛盾。为实现以国内大循环为主体的目标，扩大国内消费与投资需求是必然选择；同时，扩大对外开放又是实现国内国际双循环的前提条件。在这一过程中，中国的贸易依存度有可能会下降，但它并不意味着开放程度的降低，通过微观层面和规则层面的开放可以实现更高水平、更大范围的对外开放，从而为经济增长提供动力。

加快构建新发展格局需要重新思考不同层面的对外开放及其相互间的关系。把本书的研究置于这一背景下有助于我们理解中资企业境外上市的特殊意义。

中国社会科学院亚太与全球战略研究院　李向阳

2021 年 1 月

目　录

第一章 绪 论

第一节 本研究的背景及意义

一、本研究的背景

改革开放四十多年以来，中国社会的主要矛盾已经由人民日益增长的物质文化需要同落后的社会生产之间的矛盾转变为人民日益增长的美好生活需要和不平衡不充分的发展之间的矛盾。面对新时代社会的主要矛盾，党和国家审时度势，深入推进以“三去一降一补”为核心的供给侧结构性改革部署，注重发挥市场在资源配置中的决定性作用。不可否认，中国长期以来高速的经济增长在很大程度上得益于投资和出口的拉动作用，人口红利在助力中国经济增长的过程中同样发挥了不可小觑的作用。面对新时期中国社会面临的“不平衡不充分的发展问题”，传统的依靠资源和劳动投入拉动经济增长的粗放型方式难以为继。新时代背景下，实现经济高质量发展，一方面需要依靠创新来提升技术水平，另一方面则需要充分注重提高效率。其中，纠正资源错配不失为提高经济效率的一项重要手段。

在改革开放历程中，国有企业肩负着促进中国经济发展，推动中国经济体制改革的重要使命，是实现经济高质量发展的重要载体。尽管国有企业已历经数十年改革，但其市场主体地位尚未真正确立，不健全的制度导致资本运行效率偏低，产生资本错配问题。2015 年 8 月《中共中央国务院关于深化国有企业改革的指导意见》中明确提出，“大力推进国有企业改革上市，创造条件实现集团整体上市”。通过鼓励国有企业境外上市，以境外发达的证券市场、高质量的营商环境促进国有企业提高效率，将有助于推进中国经济高质量发展进程。另一方面，随着金融全球化理念在世界范围迅速蔓延，跨境资本流动规模大幅增加，通过促进国有企业境外上市，可以达到“以开放促改革”建立健全国有企业现代企业制度的效果，这不失为纠正国有企业资本错配的一种重要途径。

20 世纪 90 年代以来，一大批国有企业选择到境外证券市场上市。根据国泰安数据库的统计数据，从 1991 年 1 月 29 日万科企业股份有限公司在香港上市开始，截至 2018 年 12 月 31 日，在境外上市的国有企业已有 108 家，上市地点涉及香港（HKEX）、纽约（NYSE）、米兰（AST）、新加坡（SGX）和伦敦（LSE）等多个证券交易所。从上市地点国有企业分布数量来看，中国香港和美国最受国有企业青睐，同期共计 88 家国有企业选择到中国香港和美国上市，占境外上市国有企业总数的 81.48%。从 1991 ~ 2018 年各年度国有企业境外上市数量的变动趋势看，20 世纪 90 年代是中国国有企业境外上市的高潮期，其中 1997 年境外上市国有企业数量达到 19 家，同年在中国香港和美国上市的国有企业数目达到 15 家，均达到年度国有企业境外上市规模的峰值。21 世纪以来，境外上市国有企业总量以及在中国香港和美国上市的国有企业数量变化均开始趋于平稳，且上市地点集中于中国香港和美国。其中，1991 ~ 2018 年国有企业境外上市情况如图 1 - 1 所示。

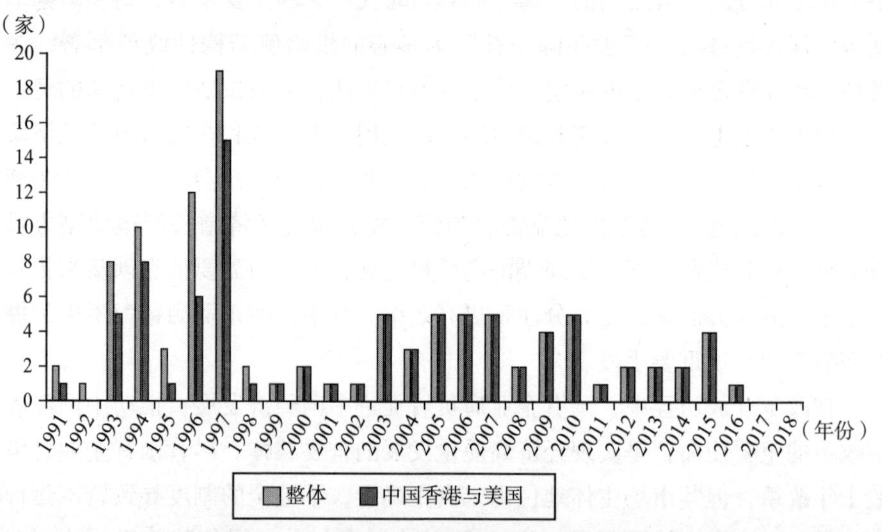

图 1 - 1 1991 ~ 2018 年国有企业境外上市情况

资料来源：据国泰安数据库数据绘制而成。

在国有企业资本错配问题日益突出的背景下，通过促进企业境外上市能否起到纠正资本错配的效果？不同上市地点的资本错配纠正效应是否存在差异？国有企业在境外上市能够在多大程度上纠正资本错配？其机制是什么？若不能又是何原因导致的？本书将对这些问题做出回答。

二、本研究的意义

帕累托最优状态是完全竞争市场模式下，资源实现最优配置的一种理想状态。现实社会中或多或少的干扰因素会对完全竞争市场形成条件产生阻碍，也就客观上使得资源错配现象存在于各个国家的各种所有制经济中。但是提高资源配置效率，是微观经济学始终力求实现的目标。具体到中国而言，国有企业是国民经济平稳健康发展的重要载体，国有企业资本配置问题与中国经济高质量发展目标实现息息相关。一方面，作为发展中大国，中国国有企业改革与发展需要有配套的理论作为支撑；另一方面，充分把握国有企业境外上市对资本配置的影响，有利于促使国有企业在境外上市进程中做到有的放矢，更好地服务于经济发展。本书研究的意义主要包括两个方面。

（一）理论意义

现有企业境外上市理论、资本配置理论和公司治理理论多源自对西方国家经济活动的分析。中国国有企业发轫于中国具体国情之中，其经济行为的产生与西方国家经济理论存在诸多相通之处，但是也形成了自己的特色，在向高质量发展阶段迈进的过程中，中国国有企业发展需要配套的理论支撑。基于此，本书以中国特色的国有企业为研究对象，以国有企业境外上市行为为研究主体，具体分析国有企业境外上市行为是否会产生资本错配纠正效应，并对境外不同上市地点的资本错配纠正效应进行对比分析。在具体分析过程中，本书将国有企业改革理论、资本配置理论和公司治理理论纳入统一的分析框架，并结合国有企业特征展开分析，这将有利于丰富发展中大国的国有企业改革理论、资本配置理论和公司治理理论。

（二）实践意义

系统分析国有企业境外上市的资本错配纠正效应，厘清国有企业在不同上市地点的资本错配纠正效应差异，为国有企业境外上市地点选择提供有价值的参考，能够保证国有企业在境外上市过程中准确规避上市风险，顺利开展国际化经营，达到“以开放促改革”的效果，这对于进一步推进国有企业改革进程、助力中国实现高质量发展目标具有现实意义。另一方面，明晰国有企业境外上市纠正资本错配的机制，识别公司治理水平提升与资本错配纠正的关系，有助于推进中国国有企业建立现代企业制度进程，不断促进国有企业提高效率，这对于解决不平衡不充分的发展矛盾具有重要的实践意义。

第二节　国内外研究现状

本书以国有企业为研究对象，分析国有企业境外上市这一行为是否具有纠正资本错配的效应。根据研究内容，本书从如下几个方面对相关文献进行梳理。

一、关于企业境外上市的相关研究

（一）企业境外上市的动因

关于企业境外上市的动因，目前学术界形成了如下几种代表性的观点。

1. 企业为追求长远的生存和发展而选择到境外上市

该类研究从制约企业生存和发展的影响因素出发，认为企业在境内上市无法获得其长远发展所需的要素，从而选择到境外资本市场上市。这些影响因素主要包括资本、制度等，其中企业发展过程面临的最大难题莫过于资金供给（马丁和王大贤，2015），在国内金融市场体系中，银行为企业提供信贷支持通常会基于对企业抵押资产状况的考量，这便使得处于发展初期的企业难以筹措到支撑其发展和生存的资本，由此派生出的资本需求构成企业境外上市的内生动力（邢天添和任怡，2015；李光贵，2009），且完备、高效的境外资本市场可以为企业提供资金支持和制度保障（易宪容和卢婷，2006；马丁和王大贤，2015）。此外，境外高效的上市审批程序和办事效率可以满足企业在短时间内完成融资计划的需求，企业到境外上市的动机因此得到进一步强化（易宪容和卢婷，2006）。企业在境外上市的融资渠道也相对更便捷，获得的融资渠道和路径相较于境内也呈现出多元化特征（Pagano et al.，2002；Chan et al.，2001）。国际社会中相当数量的企业选择到香港证券上市筹集资金即为最有力的证明，一方面在于香港多元化的融资渠道，另一方面则源自香港健全的法律制度。

2. 企业通过境外上市达到完善公司治理的效果

一方面，从境外证券市场看，作为企业境外上市聚集地的中国香港、美国、新加坡等，其证券市场制度完备，其对上市公司的股东层、董事会、监事会、经理层、信息披露、高管激励设置均具有相对完备的制度约束和监督体系。企业通过到这些国家或地区上市，就需要根据上市地证券市场的规定和制度设置并完善其治理体系（易宪容和卢婷，2006），企业在境外证券市场约束之下亦会逐步由强制治理向资源治理转变（Ma et al.，2008），这些将有助于促进企业经营管理理念与国际接轨，达到改善治理结构提升公司治理水平的效果（张建卫，2014）。

另一方面，境外资本市场对上市企业信息披露质量和标准也有相较于境内更为严格的要求，企业在其要求下，需要逐步提升信息披露质量（李光贵，2009；易宪容和卢婷，2006），引入符合国际规则的会计、审计、法律标准（Sun et al.，2013；易宪容和卢婷，2006），企业治理水平会因此得以提升。此外，信息披露质量提升能够有效解决信息不对称问题，切实起到缓解企业委托人与代理人之间冲突的效果，该过程也会进一步促使股票价格相应地回归到正常的区间范围（李光贵，2009），助力企业实现利润最大化目标。

3. 企业提升国际竞争力的诉求

1964 年贝拉萨（Belassa）首次提出了国际竞争力的概念，20 世纪 70 年代末学术界开始展开对企业国际竞争力的相关研究。在国际生产分工日益精细化，跨境资本流动日趋便利化自由化的背景下，企业通过到境外上市可以在更大范围内整合资源，通过与国际规则接轨实现扩大再生产，达到提升企业国际竞争力的效果，这一动机在大型国有企业中表现的尤为明显（易宪容和卢婷，2006）。一方面，境外完备的制度保障和高效的市场效率，为企业改革和机制转换提供了良好的外部条件，有助于企业更好地开展国际化经营，提升自身的国际竞争力（易宪容和卢婷，2006）；另一方面，境外完善的法律体系和严格的评估审查体系，会推动公司治理体系不断健全并向日益规范的方向演进，由此使得上市公司进入境外资本市场的能力逐步增强。该过程会进一步促使企业明晰自身的市场定位，能够及时地根据市场运行状况做出战略调整，达到满足消费者需求、改善供应商与员工关系的效果，这些都将使得企业境外销售能力日益增强，其间伴随着企业国际竞争力的稳步提升（Pagano et al.，2002；李岩和冯德连，2007）。

4. 企业强化学习的需求

学习境外资本市场先进的制度体系、运行规则和管理经验是企业选择到境外上市的另一重要原因。首先，在金融全球化逐步推进，跨境资本流动深度融合的背景下，企业需要顺应国际资本市场和证券市场的运行规则、制度安排，企业通过选择到境外发达的证券市场上市正是为学习强化这一效果（马骥，2006）。其次，企业边界的模糊性会导致产权约束难以到位，通过到境外上市，充分发挥企业学习效应（周超，2018）有助于明晰其企业边界和产权边界。与此同时，企业境外上市的过程也可以解读为学习境外公司治理制度并不断完善自我的过程。此外，企业出于学习境外同行国际著名企业决策行为的目的，在综合考量利润和长期收益的情况下，也会派生出到境外发达证券市场上市的动机（姜永盛等，2015）。

5. 完成企业股份制改造

完成股份制改造是中国企业到境外上市的最直接动机，长期以来，由于中国 A 股市场股权分置问题存在，直接造成了较为严重的“同股不同价，同股不同权”现象，从资本市场开放角度讲，该现象会严重阻碍中国资本市场的开放进程，对中国经济平稳健康发展产生消极影响。由于中国境内证券市场起步较晚，制度体系也相对滞后，这些并不利于企业顺利地完成股份制改造进程（张建卫，2014）。更进一步讲，部分学者指出，顺利地完成企业股份制改造，有助于充分释放企业的市场活力，促进企业提升生产经营效率（蔡跃洲和郭梅军，2009；孙光国和孙瑞琦，2018）。由此催生了企业到境外上市的动机。

（二）关于企业境外上市的争论

关于企业是否应该选择到境外发达的证券市场上市，学术界存在两种相悖的观点。

1. 支持企业到境外上市的研究观点

一方面，在国际经济合作日趋紧密，世界经济高度一体化的背景之下，企业到境外上市是促进资本市场开放、加快国际资本流动的重要方式。企业通过境外上市经营国际资本是应对金融全球化的必然抉择。另一方面，企业到境外发达的证券市场上市能够切实起到提升企业国际竞争力的效果（张建卫，2014；Pagano et al.，2002）并促进企业改革与转型，符合企业的长期发展目标。此外，企业通过到境外证券市场上市，对于完善企业资本结构、开展多元化经营、建立健全现代企业制度都是大有裨益的。

2. 反对企业到境外上市的研究观点

以中国人民大学纪宝成教授为代表的学者对企业选择到境外上市持否定态度，纪宝成和刘元春（2006）指出，优质企业是中国资本市场的“稳定器”

和“价格的风向标”，大规模优势企业到境外上市会导致国内资本市场支撑主体出现“缺位”，即优质企业境外上市会导致境内资本市场稳定器和风向标的功能丧失，国内资本市场会因此产生“格雷欣效应”，形成“资本市场功能紊乱→次优企业境外上市→国内市场被劣质企业充斥→本国资本市场空心化和边缘化”的多米诺骨牌效应。

二、关于资源错配形成原因的研究

错配问题最早的研究源自贝利等（Baily et al.，1992）对美国制造业生产增长率的分析，该研究指出，发达国家健全的市场机制可以在一定程度上削弱资源配置扭曲的影响。在此基础上国内外学者展开了对错配问题的研究。一般意义上讲，资源错配泛指资源价格扭曲，关于资源错配形成原因的研究概括起来主要包括以下几个方面。

（一）政府政策作用

政府政策作用（如政府补贴、管制权、定价权、金融抑制、利率管制）在一定程度上会对纯粹的市场行为产生影响，导致资源配置状态在某种程度上与帕累托最优状态偏离。政府出于稳定经济的目的，使用补贴政策、管制权和定价权对资源配置进行干预时，稀缺性不再是要素进行配置的原则（孟辉和白雪洁，2017；张杰等，2011），市场行为因此发生扭曲，享受优惠的企业会更加注重维持与政府的关系，提高生产效率的动机在补贴的影响下被严重弱化。更进一步来看，根据内生经济增长理论，政府政策干预在影响资本价格和资本配置的同时，经济部门生产中对劳动力要素的投入决策也会受到影响，导致劳动力要素出现错配。

（二）制度不完备

从微观经济学理论角度看，制度不完备是导致资源错配现象出现的另一重要原因，微观经济理论指出在完全竞争市场条件下，资源配置状态会达到帕累托最优，但完全竞争市场只是经济运行的一种理想化状态。在现实经济运行规则下，由于制度不完备使得完全竞争市场的经济运行模式受到干扰，从而直接影响了资源配置过程，资源错配便由此产生。从国家制度角度看，发达国家完备的制度体系使其相较于发展中国家的资源错配程度相对偏低（Baily et al.，1992；张兴龙和沈坤荣，2016），而发展中国家的资源错配现象则相对普遍。

具体来看，中国由于非市场化因素导致结构性资源扭曲现象突出（祝树金和赵玉龙，2017），如改革开放前后的制度体系差异，致使资源配置与最优状态偏离程度产生差异（蔡昉等，2001；林毅夫等，1999）。具体到企业层面，由于要素市场制度体系不够完备，导致企业生产率损失，致使要素市场配置扭曲（盖庆恩等，2015；邵宜航等，2013）。另一方面，设置企业市场准入制度壁垒（吴敬琏，2010）也会对要素流动产生阻碍作用（贾俊雪和应世为，2016），从而加大了要素市场的价格扭曲程度。

（三）调整成本的约束

企业生产经营过程始终伴随着经营者决策，当企业的决策变量发生变动时所引起的配套要素变动而形成的成本即为调整成本（Hamermesh and Pfann，1996）。资源错配问题存在的一个重要原因即为调整成本的约束。由于调整成本存在，资本边际报酬较高企业的生产能力向整个行业扩张的进程受到阻碍，配套要素成本调整的过程使资本边际报酬低的企业进入市场，资本价格被扭曲（杨光和孙浦阳等，2015）。另一方面，调整成本会直接影响企业决策者的生产经营预期，当经营者预期调整成本较高时可能会压缩生产规模，相反则可能增加生产，即调整成本在影响企业生产规模的同时会对资源配置效率产生冲击（杨光和孙浦阳等，2015；刘盛宇和尹恒，2018）。更进一步讲，调整成本会对企业生产过程中资本调整产生抑制作用而加剧资本错配（Asker et al.，2014；Xu，2014），其原因在于资本流动速度会因调整成本的影响变慢（鄢萍，2012），从而进一步影响到了资本的边际产出。

三、关于纠正资源错配的相关研究

（一）纠正资源错配的必要性研究

纠正资源错配的必要性可以从如下两部门经济模型得到最好的例证。假设在经济中存在生产技术水平完全一致的厂商A和厂商B，其中厂商A可以以较低的利率获得银行贷款，厂商B只能以高于厂商A的利率融资，这会使得厂商A在生产过程中占据过度的资本。如果将资本重新配置，则会使总产出增加，产生“1+1>2”的效果（龚关和胡关亮，2013）。该模型从理论上表明，资本价格扭曲导致了厂商的生产效率损失。研究者从经验分析的角度依次证实了资源错配会导致国别之间、部门之间、企业之间的生产率损失（Aoki, 2012；Wei and Li, 2016；孟辉和白雪洁，2017，等）。

更进一步讲，资源错配会冲击宏观经济，不利于经济稳定。一方面，资源错配会直接影响企业的研发行为（Peters, 2013）。根据经济增长理论，当资源配置不当时，企业的研发行为受到抑制的直接后果是波及技术水平提升，不利于宏观经济稳定；另一方面，生产效率损失直接影响社会总产出（Banerjee and Moll, 2010；李欣泽和陈言，2018），资源错配程度的加剧导致生产率损失增加，社会产出水平下降，对经济增长产生不利影响。

（二）纠正资源错配的可行性研究

从国家角度看，资源错配对宏观经济稳定性具有不利影响，一国政府出于维持经济稳定的需要会为纠正资源错配提供必要的外部环境。具体到企业层面，企业因存在追求利润最大化的动机而具有提高生产率的诉求。国家和企业的各自诉求成为纠正资源错配的重要动力，使得纠正资源错配在经济逻辑中具有可行性。

具体到中国来看，改革开放本身就是一次纠正资源错配的改革，改革开放之初以公有制经济为主体的经济结构，致使资源配置效率偏低，经济发展严重滞后。中国政府审时度势，通过改革开放促进经济结构转型升级，资源错配问题在一定程度上得到了有效纠正（刘伟和李绍荣，2001；龚关和胡关亮，2013）。当前，中国社会的主要矛盾转变为人民日益增长的美好生活需要和不平衡不充分的发展之间的矛盾，而纠正资源错配可以成为解决该矛盾的一个重要途径，即在其他要素投入不变的情况下（资本、劳动、技术），纠正资源错配可以促进经济效率大幅提升（刘晓蕾，2018；陈永伟和胡伟民，2011；易纲等，2003）。在企业层面，纠正资源错配可以促进企业提高生产率和创新效率（张庆君，2015；李晓龙和冉光和，2018）。赵自芳和史晋川（2006）发现，消除中国要素市场扭曲将使制造业产出至少提升11%，姚毓春等（2014）通过对我国19个行业的分析发现，资本错配和劳动力错配改善能使产出效率平均提升1.37%和0.91%。

四、文献述评

通过对已有文献的梳理可以得到，企业通过选择到发达的境外市场上市可以满足其长远发展诉求，在上市过程中通过强化学习，可以产生完善公司治理结构，提升企业国际竞争力的效果。具体到中国企业，通过选择到境外上市可以促进企业完成股份制改造，助力中国资本市场开放，有利于促进经济平稳发展，实现经济高质量发展目标。在现实经济体系运行过程中，由于政府政策干预，加之缺乏完备的制度体系和企业调整成本约束，资源错配现象颇为突出。在此基础上，通过对纠正资源错配的相关文献归纳整理得到，由于资源错配问题存在，导致了国家之间、地区之间以及企业之间的效率损失，资源错配若得不到及时有效的纠正，则会对宏观经济发展产生不利影响。在此背景下，国家和企业出于稳定经济和追求利润最大化的动机而产生纠正资源错配的动力。已有文献为本书开展研究提供了坚实的基础。本书将从如下几个方面丰富相关文献。

第一，从研究对象来看，现有关于中国境外上市企业的研究成果中，将国有企业作为研究对象单独展开分析的研究相对较少。国有企业是中国境外上市企业的重要组成部分，在推进中国经济高质量发展和促进中国经济体制改革的进程中肩负着重要使命，完善国有企业治理结构、提升其国际竞争力既是企业的现实诉求，也是中国经济发展进程中的一个重要环节。此外，中国国有企业到境外上市对于顺利完成股权分置改革极具现实意义。基于此，本书将研究视角聚焦于中国现实问题，以国有企业作为研究对象展开分析。

第二，现有研究中对错配问题关注较多的是资源错配问题，本书在遵循资源错配研究范式的基础上，将资本错配从资源错配中剥离出来，对国有企业资本错配问题展开具体分析。

第三，关于企业资本错配的纠正方式，现有的研究成果多将解决方式聚焦于完善相关制度。在中国国有企业改革进程中，国有企业承担了诸多社会职能。考虑到中国国有企业的特殊性，以及国有企业的历史问题，本书将国有企业改革方式锁定为“以开放促改革”，系统分析国有企业选择到境外发达证券市场上市，是否能够倒逼国有企业改革，促进资本配置效率提升，起到纠正资本错配的效果。

第四，现有对公司治理问题的研究仍遵循新古典经济学研究范式，将公司治理问题视为“利润最大化的黑箱”，本书则试图打开公司治理“黑箱”，分析国有企业境外上市纠正资本错配的过程是否得益于公司治理水平提升，即分析国有企业境外上市纠正资本错配的机制是否遵循“境外上市→公司治理水平提升→纠正资本错配”的逻辑链条。

第三节 研究的主要内容

一、研究内容

本书研究国有企业境外上市的资本错配纠正效应，全书包括绪论共七章。

第一章为绪论。主要对本书研究背景、研究意义进行相关介绍，根据研究内容，从企业境外上市原因、企业境外上市争论、资源错配形成原因以及纠正资源错配的必要性和可行性等方面对国内外相关文献进行梳理。同时对研究方法、研究内容和创新点进行说明。

第二章为国有企业境外上市纠正资本错配的机理。首先，结合国内外相关研究对资本错配的概念进行界定；在此基础上，结合绑定假说、市场分割假说、投资者认知假说、流动性假说、投资者保护假说，结合资源配置理论、竞争中性原则，构建国有企业境外上市纠正资本错配的理论框架。

第三章为国有企业境外上市纠正资本错配的特征事实。结合柯布—道格拉斯生产函数对国有企业的资本错配程度进行测算，分别从企业层面和上市地点两个维度分析国有企业的资本错配程度。在具体分析的过程中对比分析境外上市与境内上市（全样本）、H 股上市与 A 股上市、H + N 股上市与 A 股上市、H 股上市与 H + N 股上市国有企业资本错配程度差异，厘清国有企业境外上市纠正资本错配的特征事实。

第四章为国有企业境外上市纠正资本错配的原因分析。从宏观原因、微观原因、其他原因三个维度对国有企业境外上市纠正资本错配的原因进行探析。其中，宏观原因重点从制度因素、证券市场发展程度以及利率市场化程度三个方面展开分析；微观层面重点探讨境外上市与境内上市国有企业在股权集中度、董事会与监事会构成、经理层监督约束机制、信息披露质量和高管激励标准方面的差异。此外，从国有企业境外上市后企业声誉变化、消费者偏好变化等方面对纠正资本错配的原因做进一步分析。

第五章为国有企业境外上市的资本错配纠正效应分析。通过构建计量经济模型分析国有企业境外上市为是否可以对资本错配问题进行纠正。在具体分析过程中，从境外上市与境内上市（全样本）、H 股上市与 A 股上市、H + N 股上市与 A 股上市、H 股上市与 H + N 股上市四个维度展开分析。

第六章为国有企业境外上市纠正资本错配的机制分析。将公司治理水平纳入资本错配纠正效应的分析框架，通过因子分析法系统构建了包括股权、董事会、监事会、经理层、信息披露和高管激励6个一级指标和11个二级指标的公司治理水平测度指标体系，在测算国有企业治理水平的基础上，进一步通过中介效应模型检验国有企业境外上市资本错配纠正效应的产生是否得益于境外上市导致的企业治理水平提升。

第七章为结论与启示。对全书研究结论进行了归纳总结，在此基础上，从国有企业境外上市地点选择策略、信息披露质量、企业规模选择、公司治理水平等方面得到了相应启示。

本书的研究框架如图1-2所示。

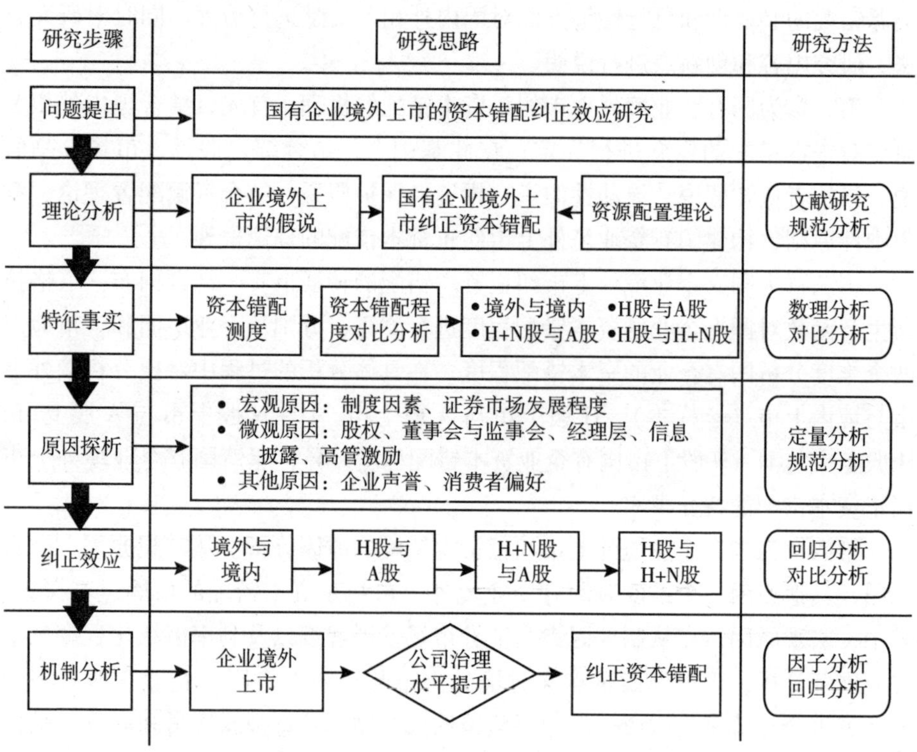

图1-2 本书的研究框架

二、研究方法

本书主要采用如下研究方法对国有企业境外上市的资本错配纠正效应展开分析。

1. 文献研究法

通过对既有文献的研究，对资本错配、公司治理等相关概念进行界定；通过对相关文献进行梳理，构建国有企业境外上市纠正资本错配的理论框架。

2. 数理分析法

结合柯布—道格拉斯生产函数，构建资本错配测算的数理模型，对国有企业的资本错配程度进行测算。

3. 比较分析法

在测算得到国有企业资本错配指数的基础上，从境外上市与境内上市（全样本）、H股上市与A股上市、H+N股上市与A股上市、H股上市与H+N股上市四个维度对比分析资本错配程度差异、资本错配纠正效应差异以及资本错配纠正机制差异。

4. 规范分析法

从制度因素、企业声誉、消费者偏好等方面规范分析国有企业境外上市纠正资本错配的原因。

5. 定量分析法

通过证券化率、利息率、股权集中度、董事会与监事会人员构成结构、信息披露质量、高管激励标准等指标，定量分析国有企业境外上市纠正资本错配的原因。

6. 回归分析法

分别构建国有企业境外上市纠正资本错配的面板数据模型和国有企业境外上市纠正资本错配的中介效应模型，实证分析国有企业境外上市纠正资本错配的效应、机制。

7. 因子分析法

通过因子分析法系统构建国有企业治理水平测度指标体系，对国有企业治理水平进行测度与评价。

三、创新点

（一）理论创新

第一，本书将研究对象锁定于中国特色的国有企业，系统分析国有企业境外上市行为的资本错配纠正效应。将资本错配从传统的资源错配分析中剥离出来，这将有助于完善发展中大国的资源配置理论。

第二，传统的公司治理理论将研究目标聚焦于公司治理水平提升和治理结构完善，本书在此基础上结合资源配置理论验证国有企业境外上市资本错配纠正效应的产生是否受公司治理水平的影响。这有助于进一步完善公司治理理论。

（二）实践创新

第一，本书系统分析国有企业境外上市的资本错配纠正效应，通过鼓励国有企业到境外上市，达到完善公司治理结构，提高公司治理水平的效果。本书研究为国有企业改革提供了一条切实有效的途径。

第二，在新时代中国对外开放格局下，中国社会的主要矛盾已经由人民日益增长的物质文化需要同落后的社会生产之间的矛盾转变为人民日益增长的美好生活需要和不平衡不充分的发展之间的矛盾，本书从解决时下中国社会的主要矛盾出发，通过促进国有企业境外上市达到提高资本配置效率的效果，依此来解决不平衡不充分的发展问题。

第二章

国有企业境外上市纠正资本错配的机理

目前，国内外学术界尚未达成关于“资本错配”的统一定义，本章在梳理国内外相关学者研究文献的基础上，对资本错配的概念进行界定。在此基础上，借鉴绑定假说、市场分割假说、投资者认知假说、流动性假说、投资者保护假说等，结合资源配置理论、竞争中性原则构建国有企业境外上市纠正资本错配的理论框架。

第一节　资本错配的内涵界定

关于资本错配，目前学术界尚未形成统一规范的定义。从贝利等（Baily et al.，1992）对美国制造业资本配置问题的研究开始，“错配”问题开始进入经济学界的研究范畴。随后，学者们对“错配”问题的讨论广泛集中于“资源错配”，其中谢地和克莱诺（Hsieh and Klenow，2009）把政策导致的边际资本产出和边际劳动产出增加的比例定义为要素扭曲。杨帆和徐长生（2009）、杨志才和柏培文（2017）认为不完善的市场条件导致资源配置状态偏离帕累托最优状态即为“市场扭曲”。瓦齐亚格（Wacziarg，2002）认为市场扭曲是发展中国家向市场经济转型的一种状态。李欣泽和陈言（2018）把生产要素发生逆梯度流动（即从高效率部门向低效率部门流动）导致的效率和产出损失定义为“资源错配”。

本书将研究重点锁定于“资本错配”问题，从研究范围来看“资源错配”涉及的范围更广，而资本错配只是资源错配的一种表现形式。基于此，本书结合国内外学者的研究成果与经济学理论，在对比资源错配形成机制的基础上，对资本错配概念进行界定。

首先，需要明确“资源”与“资本”的关系。对“资源”的定义学术界存在诸多观点，不同研究领域对此分别有不同的定义。在经济学领域，将“资源”定义为“生产过程所需要投入的生产要素”，通常意义上讲，劳动、资本、技术等要素投入构成“资源”，即“资本”是“资源”的一种具体表现形式。从经济学研究视角看，“资源”与“资本”均属于微观经济学的研究范畴。本书所涉及的资本均指要素市场的资本投入。

其次，需要对“错配”进行厘定。“错配”是相对于“有效配置”来说的。根据微观经济学理论，在完全竞争市场条件下，市场信息完全透明（不存在信息不对称），当所有的要素充分自由流动，经济达到均衡状态时，经济学中认为资源得到了“有效配置”，即产品市场和要素市场均达到了“帕累托最优状态”。基于此，本书认为“错配”是与“帕累托最优状态”的偏离。此外，需要对“错配”与“扭曲”做一下说明，“扭曲”亦经常用来表征经济中与最优状态的偏离，如要素市场扭曲即为要素在配置过程中偏离“有效配置”状态。但若具体到某一特定要素，如资本扭曲，则常表述为资本价格扭曲，在本书后续研究中对于“扭曲”与“错配”不做具体区分。

基于此，本书认为资本错配即为在要素市场上，由于市场处于不完全竞争状态，加之受信息不对称的影响而导致的资本配置状态相对于帕累托最优状态的偏离程度。

第二节　企业境外上市的相关理论假说

一、绑定假说

绑定假说（Bonding Hypothesis）的源起思想为拉波塔等（La Porta et al.，1997，1998）关于法与金融的观点，该观点将投资者受保护的程度与法系结合起来。随后，经科菲（Coffee，2002）和斯图斯（Stulz，1999）等人的完善，“绑定假说”的框架得以成型，在此基础上里斯和魏斯巴赫（Reese and Weisbach，2002）、多伊奇（Doidge，2004）等人进一步完善了该假说。时下，“绑定假说”已经逐渐发展成分析企业上市行为的一种完善的理论。

科菲（2002）、斯图斯（1999）以在美国上市的非美国企业为样本，通过对这些样本企业上市动机的考察，将其结论概括为“绑定假说”。通常认为，

“绑定假说”的成立建立在两个基本假设条件之上，即：(1) 外部投资者与公司控制人之间存在信息不对称；(2) 公司控制人为理性经济人，其需要在公司发展和掠夺公司资源之间进行权衡。“绑定假说”认为，在美国上市的企业会因美国市场高标准的信息披露质量和健全的监管体系，而受到“法律绑定”和“声誉绑定”的制约。一方面，由于在美国市场上市的非美国企业大多来自相对落后的国家或地区，由此使得这些企业在美国上市过程被视为“法律绑定”的过程；另一方面，在发达资本市场约束下，随着信息披露质量提高，投资者利用披露信息对公司进行控制的能力增强，企业在“声誉”约束下，不断提升治理水平。由“绑定假说”理论分析可知，企业通过到境外发达市场上市，可以为其带来如下几方面的好处。

第一，促进公司治理水平提升和治理结构完善。境外发达证券市场拥有高标准的信息披露质量要求以及完善的监督监管体制，发展相对滞后国家或地区的企业到这些市场上市就必须遵循这些制度安排，即企业境外上市的过程就是其绑定高标准要求的过程。在这一过程中，公司的治理水平显然会得以提升。

第二，有效保护中小股东利益。绑定假说将投资者受保护程度与法律体系相结合，资本市场和证券市场相对发达的境外市场，其法律法规也相对健全。这些将有助于保护中小股东利益，能够对控股股东侵占中小股东的行为进行有效遏制。

第三，切实降低代理成本。市场监管体系不健全的国家其监督力度、惩罚措施、信息披露质量均相对较低，由此会导致公司经营管理者做出牺牲公司利益，谋求其自身利益最大化的决策。企业通过到境外监管体系相对完备的国家上市，这一侵占公司利益的行为将得到有效控制。经营管理者私人利益遏制的过程也即代理成本降低的过程。

第四，实现以较低的资本成本融资。在境外严格的法律约束和监管机制作用下，企业逐步建立完善的现代企业制度，公司治埋水平因此得到稳步提高，竞争力也迅速增强，这将会吸引更多投资者，企业融资成本也会在这一过程中逐步降低，有利于企业实现融资便利化。

二、市场分割假说

早在20世纪70年代，“市场分割假说”(Market Segmentation Hypothesis) 的雏形便已经形成。有研究者最早将“市场分割”表述为“市场不完全性”(Chairperson et al., 1977)，随后经亚历山德等人 (Alexander et al., 1987) 的不断完善，“市场分割假说”理论逐步形成。随后，弗雷斯特和卡罗伊（Forester and Karolyi，1999）将企业境外上市动因归结为“市场分割”，如今“市场分割假说”已经成为分析企业上市行为的一种主流理论。

“市场分割假说”认为政策限制（税收、外汇等）和投资者的认知（信息障碍、对制度的熟悉程度等）（Chairperson et al.，1977）差异会导致市场不完全，形成国际资本市场“分割”局面。在该情况下，公司股票只能在本国资本市场流通。由此以来企业风险只能在本国资本市场分散，资本市场范围的局限性导致风险分散能力下降。在该种情况下，企业便产生了到境外市场上市的动机。随后“市场分割假说”逐步发展成为一种理论，其主要表达的内容可以概括为两点。

第一，从企业风险分散角度看，企业到境外上市有助于分散企业风险。当企业未选择到境外上市时，其持股股东主要集中于国内市场，而当企业选择到境外资本市场上市时，资本市场分割状态得以消除，资本市场范围因此扩大，公司投资者也由国内蔓延至国外，使得企业风险因投资者基数扩大而得以分散。

第二，企业境外上市有助于降低企业融资成本。根据“市场分割假说”，企业境外上市的过程也即“市场分割”状态被打破，各国资本市场联通的过程。这一过程使得资本在国际间的流动障碍被打破，其间伴随着交易成本、信息搜寻成本降低，国际资本流动实现自由化和便利化，“市场分割”导致的资本流动的负面影响因此得以消除，企业融资对象由国内扩大至境外，公司融资渠道实现多样化与差异化，这一过程伴随着投资风险降低和超额风险溢价消除，投资者要求的报酬率也会逐渐趋于合理化，企业融资成本也因“市场分割”的弥合而降低。

三、投资者认知假说

传统的资本资产定价模型假定投资者具有相同的信息，默顿（Merton，1987）认为，由于市场分割条件客观存在，投资者具有相同信息这一条件与现实情况相去甚远，基于此考量默顿将该假设条件放松，提出了“投资者认知假说”（Investor Recognition Hypothesis），随后伊斯利和奥哈拉（Easley and O'Hara，2004）等人对该假说的进一步完善，“投资者认知假说”由此逐渐发展成为一种重要的理论。

“投资者认知假说”认为，由于投资者掌握的信息情况各异，基于个体理性和对收益预期的考量，投资者倾向于投资自己已经掌握充分信息的证券。受此影响，证券市场的“马太效应”产生，该动机会进一步导致公司的特定风险无法被有效分散。另一方面，投资者认知差异会直接影响企业的资本成本。简言之，企业特定风险与融资成本直接与投资者认知程度相关。依据该逻辑，投资者认知程度提升有助于分散公司特定风险并降低资本成本。将“投资者认知假说”与企业境外上市行为相联系，则可以得到以下三点认识。

第一，企业境外上市有助于提高投资者认知程度。企业境外上市这一过程也即市场分割状态得以弥合的过程，随着企业在境外上市，海内外媒体对上市公司的关注程度增强（Fang and Peress，2009），公司投资者对企业经营状况的了解渠道和方式因企业境外上市而更加多元化和立体化，信息不对称程度亦可因此得到有效缓解。显然，企业境外上市这一过程有助于提高投资者对企业的认知程度。

第二，企业的特定风险可以得到有效分散。企业境外上市行为使得投资者对企业的认知程度提高，该过程进一步促使企业投资者基数增大；与此同时，与境内上市相比，企业投资者范围也由境内扩张至境外，显然这一过程会起到分散企业风险的效果。

第三，降低公司融资成本，增加公司价值。随着企业到境外证券市场上市，企业股东基础得以扩大，投资者对企业的认知程度随之提升。该过程会进一步吸引更多的投资者，企业融资成本也会因此逐步降低，这一过程即为公司价值同步提升的过程。简言之，企业境外上市行为有助于促进投资者认知程度提升与融资成本降低、公司价值提升之间形成良性互动状态。

四、流动性假说

门德尔森（Mendelson，1986）在以股票流动性为分析视角解释公司上市行为时提出了“流动性假说”（liquidity hypothesis），如今该假说已经逐步发展成系统理论。在“流动性假说”中，通常以两种股票的买卖差价（bid-ask spread）来作为衡量股票流动性的指标。概括起来，该理论假说涉及的主要内容大致包括如下几个方面。

第一，企业境外上市有助于提高股票流动性。企业通过到境外市场上市有利于资本流动，反映在股票流动性中即两种股票的买卖价差逐渐缩小，利用国别地域差异进行套利的风险随之降低，市场运营中的交易成本也相应降低，股票流动实现自由化与便利化。

第二，股票流动性提高有助于公司价值提升。企业境外上市使得股票流动性得到切实有效的增强，这一过程有助于降低股票流动性风险，投资者的预期报酬也因股票流动性增强而降低。由此使公司股权资本成本降低，公司价值提高。需要注意的是，企业境外上市后股票流动性受到宏观、中观、微观多重因素的影响，这会对公司股权资本成本产生影响，但是一般认为，到境外发达的证券市场上市能够有效地消除这一不确定性风险，切实起到提高公司价值的效果。

第三，企业的融资成本因股票流动性增强而降低。股票流动性增强，投资者的交易成本会相应降低，投资者期望的投资回报率也会同步下降，达到降低公司融资成本的效果。

五、投资者保护假说

相较于上述四个假说，“投资者保护假说”（Investor Protection Hypothesis）可以说是一种新兴理论，该假说将研究对象聚焦于投资者在不同市场受保护的程度，假说的主要内容可以由如下模型说明。

（一）模型的设定

参照多伊奇（2004）等人的研究将目标函数设定为式（2－1）：

$$R = \max_{s} t\left(c - sc - \frac{1}{2}as^2pc\right) + sc \tag{2-1}$$

式（2－1）中，R 表示控股股东的收益，t 表示控股股东的持股比例，s 表示控股股东控制权收益比例，c 为企业的现金流，则 pc 为控股股东的现金流收益，sc 为控制权收益。根据拉波塔（La Porta）等人的研究，将控股股东为追求控制权私人收益给企业带来额外的损失设定为 $-\frac{1}{2}as^2pc$，其中 a 为常数，p 为投资者的保护程度。

控股股东收益达到最大时，则有 $\frac{\partial R}{\partial s}=0$。即 $-tc - asptc + c = 0$，可得式（2－2）：

$$s = \frac{1-t}{apt} \tag{2-2}$$

将式（2－2）代入式（2－1）中，得到控股股东总收益为式（2－3）：

$$R = tc + \frac{1}{2}\frac{(1-t)^2}{apt}c \qquad (2-3)$$

一般情况下，控股股东可以通过建立声誉机制、提高信息披露质量、增加独立董事比例等措施保证自己少获得控制权收益，但在投资者保护程度差的国家或地区，上述措施实行的难度较大，且成本较高。而当企业选择到境外资本市场上市时，该问题可以得到有效解决。

设企业到投资者保护程度高的国家上市，则控股股东的总收益记为式（2-4）：

$$R' = t(c+w) + \frac{1}{2}\frac{(1-t)^2}{ap_0t}(c+w) \qquad (2-4)$$

式（2-4）中，p_0 为境外市场的投资者保护程度（$p_0 > p$），w 为企业在境外上市带来的价值增加值。

对于控股股东而言，若 $R' > R$，则其会选择到境外上市，否则不会做出该决策。

定义$\frac{1}{2}\frac{(1-t)^2}{ap_0t}$为 $m(p_0)$，$\frac{1}{2}\frac{(1-t)^2}{apt}$为 $m(p)$，当控股股东选择境外上市时则有式（2-5）：

$$tw + m(p_0)w > [m(p) - m(p_0)]c \qquad (2-5)$$

式（2-5）中，$tw + m(p_0)w$ 表示企业境外上市后获得的收益，$[m(p) - m(p_0)]c$ 为境外上市后股东损失的控制权收益。

由此推断，式（2-5）存在一个均衡解 w^* 记为：

$$w^* = \frac{[m(p) - m(p_0)]c}{t + m(p_0)} = \left[\frac{(p_0 - p)(1-t)^2}{2app_0t^2 + p(1-t)^2}\right]c$$

当 $w > w^*$ 时，控股股东会选择到境外上市；反之，则不会选择到境外上市。

（二）境外上市对企业价值的影响

国内外相关研究中一般用 Tobin's Q 值作为企业价值的代理变量，通过上文可知，企业的价值为 $c - sc - \frac{1}{2}as^2pc$。

当控股股东选择不到境外上市时：$q = c - \left(\frac{m(p)(1+t)}{t(1-t)}\right)c$

当控股股东选择到境外上市时：$q = c + w - \left(\frac{m(p_0)(1+t)}{t(1-t)}\right)(c+w)$

依据拉波塔等（1997，1998）的分析，假设投资者保护越高的国家或地区，企业价值越高，且企业增长机会越大。这样，境外上市溢价 γ 等于：

$$\gamma = w + \frac{1+t}{t(1-t)}[m(p_0)(c+w) - m(p)c]$$

若：$\frac{\partial m(p)}{\partial p} < 0$，则：$\frac{\partial \gamma}{\partial p} = -\frac{1+t}{t(1-t)}\frac{\partial m(p)}{\partial p} > 0$

由于 Q 与现金流和投资者保护程度呈正相关关系，故企业境外上市溢价 γ 大于零，且有$\frac{\partial \gamma}{\partial p} = -\frac{1+t}{t(1-t)}\frac{\partial m(p)}{\partial p} > 0$。企业的溢价会因企业从投资者保护程度弱的国家到保护程度强的国家上市得到提高。

（三）结论

通过上述模型的推导，可以得到“投资者保护假说”的基本内容。

第一，对投资者保护程度高的市场更有助于建立企业声誉机制，其中对投资者保护程度高即意味着该市场具有较高的信息披露标准，能够有效解决投资者的信息不对称问题。与此同时，投资者保护程度高的市场也意味着其公司治理体系相对完备，能够确保企业董事会、独立董事与监事会之间形成互相制约、监督的治理体系，即具有促进公司治理水平提升的功效。

第二，当控股股东在投资者保护程度较高的境外市场获得的收益大于境内时，从理性经济人的角度出发，企业在追求“利润最大化”动机的驱动下，会优先选择到境外证券市场上市。

第三，通常情况下，投资者保护程度更高的国家或地区能够为企业带来更高的溢价，企业出于对更高溢价的追求而会选择到投资者保护程度更高的国家或地区上市。

第三节　国有企业境外上市与资本错配纠正

一、资本错配理论

（一）资本配置理论根源

对资本配置问题研究的理论根源即为经济学中的资源配置问题。“如何实现资源的优化配置”始终是经济学关注的核心问题。经济学中将资源达到最优配置时的状态称作“帕累托最优状态”，即此时任意一种改变都不可能使至少一个人的状况变好而又不使其他任何人的状况变坏。当资源配置达到帕累托最优时即认为是最具效率的资源配置状态。

西方经济学理论中指出，资源配置达到帕累托最优状态时，需要同时满足如下三个条件即：（1）交换的最优；（2）生产的最优；（3）交换与生产的最优。其中，交换最优表述为：商品 X 和商品 Y 在消费者 A 与 B 之间分配时，两种商品的边际替代率相等，即 $MRS_{XY}^{A}=MRS_{XY}^{B}$；生产的最优条件为：生产要素劳动（L）和资本（K）在厂商 C 和 D 之间的分配满足边际技术替代率相等，即 $MRTS_{LK}^{C}=MRTS_{LK}^{D}$；交换与生产的最优条件则表示为：任何两种商品的边际转换率等于它们的边际替代率即 $MRS_{XY}=MRT_{XY}$，即对于不同的消费者而言，任意两种商品的边际替代率相等，对于不同的厂商来说，任意两种产品的边际产品转换率都相等，且边际替代率等于边际产品转换率。

更进一步讲，商品的均衡价格可以实现完全竞争产品市场中交换的帕累托最优；要素的均衡价格能够实现完全竞争要素市场中生产的帕累托最优；商品的均衡价格可以实现完全竞争经济条件下交换和生产的帕累托最优，即完全竞争市场被认为是最具经济效率的市场。①

（二）资本错配理论

资本错配问题即为要素市场中资本配置偏离帕累托最优状态时的现象。上述的分析表明，在完全竞争要素市场条件下，资本配置可以达到帕累托最优状态。资源错配理论的出发点是市场的不完全性（Hsieh and Klenow，2009），即不完全竞争要素市场导致了资本错配。

资源错配理论认为，在不完全市场中，外部因素冲击会导致企业利润最大化的实现条件发生扭曲，此时企业的边际收益产品与社会整体的资源报酬出现偏离。从经济学理论来分析，此时资源配置状态不是帕累托最优，资源错配理论认为此时即使不改变要素投入，仅提高要素配置效率，依然能够达到增加产出的效果。

国有企业通过到境外发达的证券市场上市，资本流动更多地会遵循市场规律，起到促进资本配置效率提升的作用。此外，国有企业到境外上市有助于其

① 具体推导与分析过程，参见高鸿业主编．西方经济学（微观部分）［M］．北京：中国人民大学出版社，2018：267。

建立现代企业制度，解决国有企业所有制缺陷问题，以此达到纠正资本错配的效果。

（三）竞争中性原则

“竞争中性原则”的表述最早可以追溯至1993年澳大利亚国家竞争政策调查组提出的《国家竞争政策审查》中提及的“竞争原则协议”（Competition Principles Agreement）。通过“竞争中性原则”实现公私企业之间的公平竞争、促进经济稳定发展是澳大利亚“竞争中性原则”提出的根本目的。澳大利亚提出的“竞争中性原则”推崇国有企业公司化、监管中性、税收中性、全成本定价等基本政策。随后，美国也针对国有企业提出了“竞争中性原则”，其代表性观点可见2011年美国副国务卿罗伯特·霍马茨（Robert D. Hormats）在《竞争中立：确保全球竞争的良好基础》中的表述，其中指出，政府需要确保所有经济体制的经济主体在经济活动中享有公平竞争的权利和地位。①

时下，业已形成以澳大利亚为代表的“澳版”竞争中性原则和以美国为代表的“美版”竞争中性原则，二者都以促进国有企业和私营企业实现公平竞争为出发点，但是“澳版”的“竞争中性原则”主要在本国内推行，而美国则试图把“竞争中性原则”强加给其他国家，试图通过主导国际经济秩序维持自己的霸权地位（沈伟，2019）。

具体到中国，尽管中国对“竞争中性”的直接表述较晚，但是改革开放40年以来，中国国有企业一直在践行“竞争中性原则”，随着中国市场经济主体地位逐步确立，政府直接参与资源配置的领域在大幅缩减，市场竞争活力得到了充分释放，国有企业、民营企业、外资企业共同发展、平等竞争的格局正逐步形成。

究其本质，“竞争中性原则”即为资源在实现优化配置过程中需要遵循的一项基本原则。但“竞争中性原则”的本质是禁止政府歧视性地干预市场，而非禁止干预（刘戒骄，2019），其根本主张在于促进国有企业与其他各类企业实现公平竞争、拥有同等的经济地位。国有企业“竞争中性原则”的经济学内涵即为促进国有企业资源配置效率提升。

不可否认的是，中国香港证券市场和美国证券市场的竞争程度较之中国境内更接近完全竞争市场，故从理论上看，在中国香港证券市场和美国证券市

---

① Robert D. Hormats. Ensuring a Sound Basis for Global Competition：Competitive Neutrality. https：//www. state. gov/e/rls/rmk/20092013/2011/163472. htm.

场上市能够在一定程度上提高国有企业竞争力，从而达到提高资本配置效率的效果。

二、国有企业境外上市纠正资本错配

“绑定假说”“市场分割假说”“投资者认知假说”“流动性假说”“投资者保护假说”作为分析企业上市行为的重要假说已经得到国内外学者的广泛认可，业已发展成重要理论。结合微观经济学中资源配置理论、国有企业“竞争中性原则”对上述五种假说做进一步拓展可知，到境外发达的资本市场上市不失为解决国有企业资本错配问题的一个重要途径。

（一）治理机制改善与资本错配纠正

从“绑定假说”来看，企业到境外发达证券市场上市的过程可视为“法律绑定”和“声誉绑定”的过程。境外发达的资本市场、完善的监督体系和高质量的信息披露标准会促进企业内部治理机制与外部治理机制同步改善。从外部治理机制看，境外发达资本市场具有完备的法律制度体系，高效率的产品市场、经理人市场和控制权市场，可为企业开展经营活动提供重要保障。从内部治理角度看，境外发达资本市场对企业股权结构、董事会设置、管理层薪酬、信息披露等方面均有配套的制度要求，在其完善的监督体系和高质量的信息披露标准下，中小股东利益可以得到切实有效的保护，委托代理成本也会同步降低，公司内部治理水平会得到相应提高。

另一方面，国有企业通过到境外发达的证券市场上市，在境外高水平信息披露标准要求下能够切实降低道德风险并解决信息不对称问题，境外完备的制度体系能够倒逼国有企业建立健全董事会、监事会机制，分散国有企业高度集中的股权，敦促其按照境外资本市场规定建立并完善现代企业制度，达到倒逼国有企业治理水平提升的效果。由此使得资本错配问题随国有企业境外上市行为的产生而得到纠正。

（二）资本成本降低与资本错配纠正

“绑定假说”“市场分割假说”“流动性假说”均从不同角度对企业境外上市会降低资本成本进行了阐释。“绑定假说”认为，资本成本降低得益于企业“绑定”境外高标准的信息披露制度导致的竞争力提升和投资者数量增加；市场分割状态被打破，资本在国际间自由流动，使得融资渠道和融资方式多元化，并进一步使融资成本降低是“市场分割假说”关于融资问题表述的核心思想；“流动性假说”把资本成本降低的原因归结于股票流动性提高（即股票价格差异缩小），股票流动实现自由化与便利化。

中国股权分置问题在一定程度上导致了中国资本市场与境外发达资本市场“分割”，股票流动性因资本市场分割而受到限制。“绑定假说”“市场分割假说”“流动性假说”三个假说的核心思想为国有企业境外上市纠正资本错配提供了重要的理论基础。一方面，国有企业通过到境外发达的证券市场上市，客观上便打通了资本市场的“分割”界限，从而达到助力中国资本市场开放的效果。国有企业境外上市后，需要按照境外资本市场规则运营，该过程会促使国有企业资本成本逐步回归市场价格，资本价格扭曲问题会得到一定程度的解决。另一方面，国有企业在境外高质量信息披露标准要求下，股票流动性逐步增强，股票价格逐渐趋于合理区间，国有企业融资成本也会更加接近市场价格。此外，国有企业到境外发达资本市场上市使得投资者置身于立体的监督监管体系下，使其接受市场条件下的投资报酬率，同样会起到降低国有企业融资成本的效果。这些都将使得国有企业资本错配问题得到切实有效的纠正。

（三）企业风险分散与资本错配纠正

“市场分割假说”“投资者认知假说”“流动性假说”分别从“市场分割”弥合、“投资者认知程度”提升、股票“流动性”增强的视角阐释了企业境外上市会产生分散企业风险的效果。其中，“市场分割假说”和“投资者认知”假说认为，市场分割程度弥合和投资者认知程度提升都会扩大投资者基数，企业风险则因投资者基数扩大而被分散；“流动性假说”则认为企业境外上市会降低流动性风险，企业到发达的境外市场上市可以有效降低融资中的不确定性风险。

从中国国有企业现实情况看，国有企业存在所有者“缺位”的客观事实，中国境内股权分置现象使得中国资本市场与境外资本市场存在较大差异，在一定程度上制约了投资者基数扩大及其认知程度提高。国有企业以较低价格获得银行信贷支持，会导致资本价格被扭曲，股票流动性也会因此受到影响。这些问题导致的直接后果即为国有企业竞争力削弱，企业的特定风险逐步累积且无法被有效分散，国有企业资本错配现象被逐步加剧，影响企业的长期发展。“市场分割假说”“投资者认知假说”“流动性假说”为国有企业分散特定风险、纠正资本错配提供了重要的理论基础，即国有企业可以选择到境外发达的资本市场上市，扩大投资者基数，实现股东来源的差异化与国际化。与此同时，该过程同样会使得投资者认知程度得到切实有效地提升，股票流动性增强，国有企业风险被有效分散。随着上述目标实现，国有企业资本价格会逐步趋近于市场价格，资本配置效率因此得以提高。

（四）投资者保护程度提高与资本错配纠正

从“投资者保护假说”来看，投资者保护程度高的国家或地区有利于企业声誉机制建设，这些国家或地区的信息披露标准、质量一般也相应较高，也同时意味着其董事会与监事会等治理体系相对完备。进一步使得企业价值会因投资者保护程度增强而提升。

到目前为止，中国对投资者的保护程度与美国等地相比仍具有较大差距，仍然处于相对偏低的水平。在国有企业中具体表现为，国有企业信息披露标准、范围、质量、内容等方面的国际化程度偏低，企业运营的透明化程度不高。这些差距的存在会严重阻碍国有企业声誉机制建设，成为国有企业资本错配问题产生的直接诱因。加之中国境内董事会与监事会治理体系相对滞后，致使其无法与经理层形成相互有效的监督制约体系，直接产生了中小股东利益被侵占的行为。根据“投资者保护假说”，国有企业境外上市的过程可以视为投资者保护程度增强的过程，该过程使得国有企业信息披露标准、范围、质量、内容全面与国际资本市场接轨，敦促国有企业按照国际资本市场规则对公司的财务状况、经营成果、风险预警、公司治理等相关信息进行披露，随着该过程实现，控股股东蚕食中小股东利益的行为得到有效遏制；从声誉角度看，国有企业声誉也随对投资者保护程度增强而相应提升。由此可知，国有企业境外上市可以达到完善公司治理、提升企业价值的效果，国有企业资本错配问题会在投资者保护程度提升与国有企业价值提高的良性互动过程中得到纠正。

三、国有企业境外上市纠正资本错配的框架

通过上述分析，可以得到国有企业境外上市纠正资本错配的理论框架，如图 2 – 1 所示。

图 2 – 1 的理论框架表明，国有企业治理机制改善、资本成本降低、风险分散和投资者保护程度提升构成了纠正资本错配的充分条件，而国有企业通过到境外发达的资本市场上市能够促进这些条件的实现，依此起到纠正资本错配的效果。

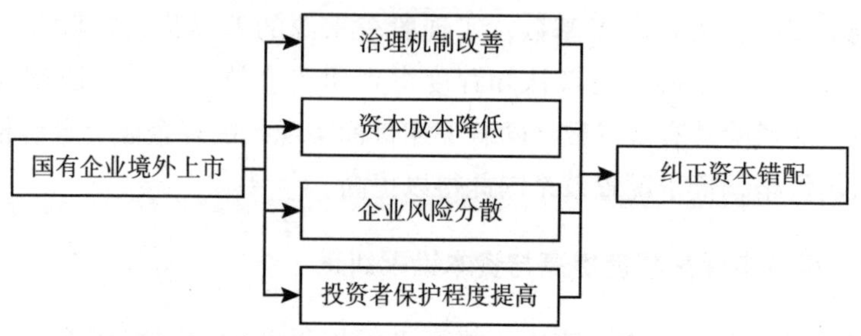

图 2－1　国有企业境外上市纠正资本错配的框架

更进一步讲，公司治理机制改善的过程即为企业治理水平提升的过程，公司治理机制改善意味着企业股权、董事会、监事会、经理层、信息披露、高管激励机制等的不断完善，也相应地意味着企业治理水平提升；从资本成本降低和企业风险分散的角度看，该过程究其本质为股权集中度分散和信息披露水平提升的过程，而投资者保护程度提升的过程也得益于企业境外上市导致的信息披露质量提升。基于此，国有企业境外上市纠正资本错配的机理可以更进一步转化为“国有企业境外上市→企业治理水平提升→纠正资本错配”，如图 2－2 所示。

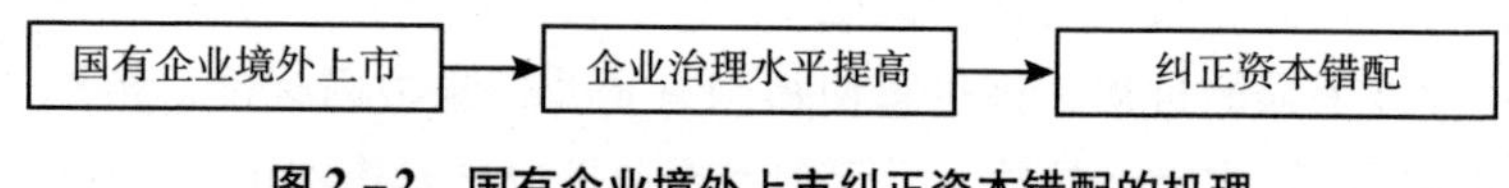

图 2－2　国有企业境外上市纠正资本错配的机理

通过上述分析可知，绑定假说、市场分割假说、投资者认知假说、流动性假说、投资者保护假说和资本配置理论构成了国有企业境外上市纠正资本错配的重要理论基础，而资本错配纠正效应的产生很大程度上得益于境外上市引致的企业治理水平提升。

第四节　本章小结

本章在对“绑定假说”“市场分割假说”“投资者认知假说”“流动性假说”“投资者保护假说”五个企业境外上市理论假说具体内容梳理的基础上，结合资本配置理论构建了国有企业境外上市纠正资本错配的理论框架。通过分析得到以下结论。

国有企业到境外发达的证券市场上市能够达到促进公司内部治理与外部治理机制改善的效果，国有企业风险和资本成本也会因境外上市行为产生而降低，与此同时，国有企业境外上市也同时具有提高投资者保护程度的功效。更进一步讲，公司治理机制改善、企业风险分散、资本成本降低以及投资者保护程度提高均意味着公司治理水平提升。基于此，本书认为，国有企业境外上市会起到纠正资本错配的效果，且该效果的产生遵循“国有企业境外上市→企业治理水平提升→纠正资本错配”的逻辑链条。

第三章
国有企业境外上市纠正资本错配的特征事实

前述绑定假说、市场分割假说、投资者认知假说、流动性假说和投资者保护假说从理论上表明，国有企业到境外上市能够促进其资本配置效率提升，起到纠正资本错配的效果。基于此，本章从测算国有企业资本错配程度入手，通过动态分析资本错配指数演进，厘清国有企业境外上市纠正资本错配的特征事实。

第一节　资本错配测度模型构建

一、测度方法的选择

关于错配程度的测度方法，目前学术界尚未达成共识。有研究者将其概括为直接测度和间接测度（Restuccia and Rogerson，2013）。其中，直接测度方法指的是对投入要素扭曲程度进行测度，具体表示单位要素边际产出的不对等程度；间接测度方法则是对扭曲表征的结果进行测度，用实际结果（常用全要素生产率、市场化指数等）与最优状态的偏离程度表示。

（一）关于直接测度的相关研究

在直接测度资源错配程度的研究中，谢地和克莱诺（2009）的研究无疑是最具代表性的成果，谢地和克莱诺用税收或补贴引起的资本和劳动产出增加的相对比例衡量要素的扭曲程度（要素错配）。借鉴谢地和克莱诺的研究，祝树金和赵玉龙（2017）、孟辉和白雪洁（2017）、王亚星和李敏瑞（2017）分别运用中国工业企业数据、光电上市公司数据、境外投资企业名录数据对扭曲程度进行了测度。此外，在直接测度的研究成果中青木（Aoki，2012）的研究也极具代表性，青木在假定资本和劳动存在线性税收关系的基础上构建摩擦系数对错配程度进行衡量，张屹山和胡茜（2019）在此基础上引入要素质量，对要素扭曲程度进行了测度。

（二）关于间接测度的相关研究

在间接测度资源错配程度的研究中，蔡昉等（2001）用农业劳动力比重与产出的比值衡量劳动要素错配；聂辉华和贾瑞雪（2011）、巴特斯尔曼（Bartesl-man，2000）、勃兰特等（Brandt et al.，2013）用实际全要素生产率与最优状态下全要素生产率偏离程度对资源错配进行了测度；张杰等（2011）、林柏强和杜克锐（2013）以要素市场扭曲指数对要素错配程度进行了度量。

综合来看，直接测度法关注于要素投入过程，而间接测度法则将要素投入过程视为“黑箱”，其关注的焦点为要素投入结果。相比之下，直接测度方法对于资源错配衡量的准确度更高。基于此考量，本书通过直接测度方法对国有企业的资本错配情况进行测度。

二、资本错配测度理论模型

柯布—道格拉斯生产函数作为经济活动中应用最为广泛的一种函数常用来刻画企业的生产行为，施炳展和冼国明（2012）、盛仕斌和徐海（1999）、谢地和克莱诺（2009）、赵自芳和史晋川（2006）、杨帆和徐长生（2009）、白俊红和刘宇英（2018）、李思龙和郭丽虹（2018）等均以该函数为基础，对企业资本错配程度进行了分析。本书假定国有企业采用柯布—道格拉斯生产函数进行生产，即式（3－1）：

$$Y_{it} = A_{it}K_{it}^{\alpha_s}L_{it}^{\beta_s} \tag{3-1}$$

式（3－1）中，Y_{it}表示企业 i 的产出，K_{it}、L_{it}分别表示资本、劳动投入，A_{it}表示影响产出的随机因素（企业的生产率），α_s 和 β_s 分别表示资本和劳动产出弹性。

在生产过程中，企业决策者通过权衡资本 K_{it} 和劳动 L_{it} 投入，以求实现企业利润（π_{it}）最大化，为式（3－2）：

$$\pi_{it} = \max_{K_{it}, L_{it}} \{ Y_{it} - R_t K_{it} - w_{it} L_{it} \} \tag{3-2}$$

式（3-2）中，R_t 表示资本的租金率，w_{it}表示工人的工资率。

在国有企业生产过程中，由于资本价格被扭曲，会直接导致企业产出损失。基于此，可以对式（3-2）进行修正，得到式（3-3）：

$$\pi_{it} = \max_{L_{it}, M_{it}} \{ (1 - \tau_{Y_{it}}) Y_{it} - w_{it} L_{it} - (1 + \tau_{K_{it}}) R_t K_{it} \} \tag{3-3}$$

式（3-3）中，$\tau_{Y_{it}}$为企业产出损失，$\tau_{K_{it}}$为企业资本错配率。通过计算，可得企业资本错配率为式（3-4）：

$$\tau_{K_{it}} = \frac{\alpha_s}{\beta_s} \frac{wL_{it}}{R_t K_{it}} - 1 \tag{3-4}$$

对于资本配置状态而言，存在资本配置不足和配置过度两种状态，参照季书涵等（2016）、白俊红和刘宇英（2018）等人的做法，将资本错配率 $\tau_{K_{it}}$ 作绝对值处理，得到资本错配指数式（3-5）（记作 τ_{it}）：

$$\tau_{it} = | \tau_{K_{it}} | = \left| \frac{\alpha_s}{\beta_s} \frac{wL_{it}}{R_t K_{it}} - 1 \right| \tag{3-5}$$

式（3-5）中，τ_{it}值越大则说明资本错配程度越严重。

三、数据与指标情况说明

（一）关于样本情况的说明

根据国泰安数据库提供的数据，1991 年 1 月 1 日至 2018 年 12 月 31 日共有 88 家国有企业到中国香港和美国上市，其中 2008 年之前上市的国有企业共 65 家。本书以 2008 年之前在中国香港和美国上市的国有企业为研究对象，根据数据的可获得性与连续性共选取 57 家国有企业，设定为实验组。

在具体分析的过程中，通过与实验组上市地点进行匹配选取了与之在同一时期境内（A 股）上市的 57 家国有企业作为对照组。在本书分析过程中，所涉及的实验组与对照组若无特殊说明均指这些企业，全样本则指全部实验组与对照组企业。本书涉及的企业如表 3-1 所示。

在本书选取的 57 家境外上市国有企业中，47 家国有企业在香港上市（H 股），10 家国有企业在中国香港和美国交叉上市（H+N 股）。10 家境外交叉上市的国有企业分别是：华能国际、中国石化、南方航空、东方航空、兖州煤业、上海石化、广深铁路、中国铝业、中国人寿和中国石油，与之对应的 10

家境内上市国有企业依次是：上港集团、同仁堂、长航油运、浙江东日、三峡水利、宁夏建材、京能置业、华东电脑、星湖科技和柳钢股份。

表 3－1　实验组与对照组企业一览

实验组	对照组	实验组	对照组	实验组	对照组	实验组	对照组
万科*	中国宝安	经纬纺机	太阳能	南方航空	三峡水利	潍柴动力	TCL 集团
昆明机床	湖南天雁	新华制药	恒天海龙	大唐发电	国电电力	上海电气	中材国际
京城股份	尖峰集团	海信家电	深赛格	晨鸣纸业	宁通信	中国交建	招商轮船
上海石化	太极实业	南京熊猫	览海投资	宁沪高速	海航控股	中煤能源	平煤股份
青岛啤酒	奥瑞德	中兴通讯	赣能股份	兖州煤业	岷江水电	大连港	大同煤业
中船防务	天地源	白云山	大化股份	中国石化	羚锐制药	工商银行	上港集团
华能国际	锦旅股份	海螺水泥	浙江东日	中国石油	沧州大化	中国银行	保利地产
中远海能	锦江股份	四川成渝	西宁特钢	中国铝业	航发科技	中国中铁	国投新集
洛阳玻璃	星湖科技	重庆钢铁	北方稀土	中海油服	旭光股份	新华文轩	连云港
上海医药	华东电脑	鞍钢股份	华闻传媒	中国人寿	湘邮科技	洛阳钼业	金陵饭店
东方电气	北京城乡	一拖股份	同仁堂	紫金矿业	卓郎智能	中国太保	出版传媒
创业环保	中航高科	北辰实业	中国医药	山东黄金	宁夏建材	中信银行	柳钢股份
海通证券	香溢融通	江西铜业	长航油运	中信证券	国睿科技	—	—
皖通高速	西藏城投	深高速	保税科技	中国国航	广安爱众	—	—
广深铁路	曲江文旅	东方航空	京能置业	中远海发	现代制药	—	—

注：表中的实验组与对照组国有企业为一一对应关系。

资料来源：笔者自制。

（二）变量的说明

1. 被解释变量（Y）

柯布—道格拉斯生产函数中，Y 表示产出，具体到企业层面，企业的主营业务收入与产出量呈正比例关系，即企业主营业务收入越高通常表明企业产出

* 关于万科是否为国有企业，学术界与业界均存在一定程度的争议，本书参照国泰安数据库中关于企业所有权性质的界定标准，将万科作为国有企业样本。

水平越高。本书参照施炳展和冼国明（2012）等人的研究，以企业的主营业务收入作为企业产出的代理变量。

2. 资本投入（K）

资本即为生产过程中要素市场中的资本投入，根据孟辉和白雪洁（2017）等人的研究，以企业的资产总额表征资本投入情况。

3. 劳动投入（L）

参照盛仕斌和徐海（1999）、施炳展和冼国明（2012）、孟辉和白雪洁（2017）、阿米蒂和可尼斯（Amiti and Konings，2006）等人的研究，本书以企业员工数代表劳动投入情况。

（三）关于变量的进一步说明

此外，式（3-4）中R为资本的租金率，本书参照谢地和克莱诺（2009）、龚关和胡关亮（2013）、祝树金和赵玉龙（2017）等人的研究，将资本的租金率设定为10%。①

另外，式（3-4）中工资率（w）和劳动（L）的乘积可以用企业资产负债表中报告的应付职工薪酬作为近似替代变量表示。

第二节 研究设计

一、模型构建

本章研究的重点在于通过测算得到式（3-5）中国有企业的资本错配指数 τ_{it}，其关键在于得到资本和劳动的产出弹性，即 α_s 和 β_s。

通过对式（3-1）取自然对数，并在模型中加入个体固定效应（μ_i）和时间固定效应（λ_t），得到式（3-6）：

$$\ln Y_{it} = \ln A_{it} + \alpha_s \ln K_{it} + \beta_s \ln L_{it} + \mu_i + \lambda_t + \varepsilon_{it} \quad (3-6)$$

式（3-6）中，i表示国有企业，t=2008，2009，…，2018，ε_{it}表示随机

① 根据资本错配指数公式，本书研究的国有企业资本错配程度为一个相对指标，即资本投入相对于劳动投入的错配，故本书根据国内外学者的通行做法是将资本的租金率设定为10%。另外，通过选取其他比率进行测算，发现资本租金率的差异对结果影响不大。

扰动项，其余变量的设置与前文一致。变量 lnY、lnK 和 lnL 的描述性统计如表 3－2 所示。

表 3－2　　实验组与对照组变量的描述性统计

组别	变量	观测值	均值	标准差	最小值	最大值
全样本	lnY	1241	22.91	2.12	9.04	28.69
	lnK	1240	23.75	2.19	16.52	30.95
	lnL	1224	8.85	1.88	2.89	13.22
实验组	lnY	619	24.16	1.84	19.72	28.69
	lnK	618	25.04	2.03	20.78	30.95
	lnL	602	9.94	1.48	6.35	13.22
对照组	lnY	622	21.67	1.58	9.04	25.99
	lnK	622	22.48	1.50	16.52	27.46
	lnL	622	7.79	1.60	2.89	11.43

资料来源：国泰安数据库。

二、参数估计

本节研究的重点在于得到国有企业生产过程中资本和劳动的产出弹性，本书从全样本、实验组与对照组三个维度对其进行测度。

本书涉及的三个组别均为面板数据，随机效应模型与固定效应模型已经成为面板数据估计的常用模型。在实践中，因随机效应模型需要假设遗漏变量服从某一特殊分布，且与观察到的解释变量无任何相关关系，该严格的假设条件通常难以实现。故固定效应模型成为面板数据估计的首选。

表 3－3 至表 3－5 中，模型（1）至模型（4）分别对个体固定效应、时间固定效应进行控制，并从普通标准误和稳健标准误方面对全样本、实验组与对照组的资本、劳动产出弹性进行估计。

从表 3－3 中模型（1）至模型（4）的回归结果看，资本投入（lnK）和劳动投入（lnL）在 1% 的显著性水平下均通过检验，即资本投入和劳动投入对国有企业产出影响较大。

表 3－3　　全样本回归结果

变量	模型（1）	模型（2）	模型（3）	模型（4）
lnK	0.7049 *** (0.0329)	0.7349 *** (0.0444)	0.7049 *** (0.0801)	0.7349 *** (0.1478)
lnL	0.2724 *** (0.0346)	0.2621 *** (0.0349)	0.2724 *** (0.0868)	0.2621 *** (0.0817)
_cons	3.7517 *** (0.6638)	3.1768 *** (0.9178)	3.7517 * (1.9660)	3.1768 (3.5579)
个体固定效应	控制	控制	控制	控制
时间固定效应	不控制	控制	不控制	控制
cluster	No	No	Yes	Yes
R－sq within	0.4797	0.4875	0.4797	0.4875
F	510.74	87.02	47.57	54.80
F test	16.75	16.84	—	—
P	0.0000	0.0000	—	—

注：*、**、*** 分别表示在 10%、5%、1% 的显著性水平下通过检验，括号内数值为标准误。
资料来源：Stata 统计输出。

在此基础上，对境外上市国有企业和境内上市国有企业的资本产出弹性和劳动产出弹性分别进行估计，回归结果分别如表 3－4 和表 3－5 所示。

表 3－4　　实验组回归结果

变量	模型（1）	模型（2）	模型（3）	模型（4）
lnK	0.7008 *** (0.0550)	0.5984 *** (0.0877)	0.7008 *** (0.0858)	0.5984 *** (0.1422)
lnL	0.1782 ** (0.0782)	0.1879 ** (0.0794)	0.1782 * (0.0954)	0.1879 * (0.0965)
_cons	4.8466 *** (1.1661)	7.2394 *** (1.9208)	4.8466 *** (1.7378)	7.2394 ** (3.2317)
个体固定效应	控制	控制	控制	控制

续表

变量	模型（1）	模型（2）	模型（3）	模型（4）
时间固定效应	不控制	控制	不控制	控制
cluster	No	No	Yes	Yes
R - sq within	0.3386	0.3579	0.3386	0.3579
F	138.97	24.76	71.48	33.61
F test	15.81	15.49	—	—
P	0.0000	0.0000	—	—

注：*、**、*** 分别表示在10%、5%、1%的显著性水平下通过检验，括号内数值为标准误。
资料来源：Stata 统计输出。

表 3-5　　对照组回归结果

变量	模型（1）	模型（2）	模型（3）	模型（4）
lnK	0.7150*** (0.0417)	0.7769*** (0.0522)	0.7150*** (0.1182)	0.7769*** (0.1882)
lnL	0.2887*** (0.0394)	0.2783*** (0.0398)	0.2887*** (0.1010)	0.2783*** (0.0980)
_cons	3.3454*** (0.8024)	2.1381** (1.0244)	3.3454 (2.6493)	2.1381 (4.1812)
个体固定效应	控制	控制	控制	控制
时间固定效应	不控制	控制	不控制	控制
cluster	No	No	Yes	Yes
R - sq within	0.5652	0.5733	0.5652	0.5733
F	365.96	61.93	25.78	45.14
F test	9.66	9.68	—	—
P	0.0000	0.0000	—	—

注：*、**、*** 分别表示在10%、5%、1%的显著性水平下通过检验，括号内数值为标准误。
资料来源：Stata 统计输出。

从上述两个组别的回归结果看，资本投入（lnK）在1%的显著性水平下均通过检验，劳动投入（lnL）在10%的显著性水平下也均显著，即境外上市与境内上市国有企业产出也明显受资本投入和劳动投入的影响。

最后，本书以各个组别中模型（1）~模型（4）中各参数估计结果的平均值作为资本错配指数中的资本产出弹性（α_s）和劳动产出弹性（β_s），其结果如表3-6所示。

表3-6 资本和劳动的产出弹性

组别	系数	模型（1）	模型（2）	模型（3）	模型（4）	均值	α_s/β_s
实验组	α_s	0.7008	0.5984	0.7008	0.5984	0.6496	3.5478
	β_s	0.1782	0.1879	0.1782	0.1879	0.1831	
对照组	α_s	0.7150	0.7769	0.7150	0.7769	0.7460	2.6314
	β_s	0.2887	0.2783	0.2887	0.2783	0.2835	
全样本	α_s	0.7049	0.7349	0.7049	0.7349	0.7199	2.6932
	β_s	0.2724	0.2621	0.2724	0.2621	0.2673	

资料来源：Stata统计输出。

表3-6中，实验组国有企业资本产出弹性（α_s）的均值低于对照组和全样本，其均值为0.6496，对照组和全样本分别为0.7460和0.7199。即相较于境内上市国有企业，境外上市国有企业对资本变化率反应的敏感度更低。从资本产出弹性的定义看，与境内上市相比，境外上市国有企业资本变动对产出变化量的影响程度较低。

三、资本错配测度结果

通过上述分析，可得实验组与对照组国有企业资本错配指数测算公式分别为：

$$\tau_{it} = \left| 3.5478 \frac{wL_{it}}{R_t K_{it}} - 1 \right| \tag{3-7}$$

$$\tau_{it} = \left| 2.6314 \frac{wL_{it}}{R_t K_{it}} - 1 \right| \tag{3-8}$$

将实验组国有企业各年度相应指标值代入式（3-7），可得2008~2018年该组各国有企业的资本错配指数如表3-7所示。

表 3－7　2008～2018 年境外上市国有企业的资本错配程度

企业	2008 年	2009 年	2010 年	2011 年	2012 年	2013 年	2014 年	2015 年	2016 年	2017 年	2018 年
万科	0.8459	0.7921	0.7671	0.7975	0.7960	0.8185	0.8722	0.8466	0.8360	0.8499	0.8661
中兴通讯	0.0065	0.2452	0.3061	0.1889	0.2252	0.0933	0.0624	0.0696	0.2947	0.8211	0.7169
潍柴动力	0.4898	0.3405	0.2613	0.3460	0.4508	0.4690	0.0822	0.0335	0.0981	0.1001	0.1039
晨鸣纸业	0.7434	0.6913	0.8286	0.8857	0.8678	0.9027	0.9039	0.9063	0.9310	0.9378	0.9544
经纬纺机	0.6802	0.5942	0.1219	0.8339	1.5243	2.0654	2.4038	2.4119	1.9946	1.9379	1.7296
新华制药	0.4716	0.0443	0.2342	0.7065	0.8394	0.8041	0.6967	0.7561	0.5036	0.5394	0.5595
鞍钢股份	0.8734	0.8855	0.8913	0.8905	0.8907	0.8926	0.9114	0.9331	0.9500	0.8620	0.9279
海信家电	0.0829	0.0363	0.1804	0.1170	0.1375	0.2992	0.3323	0.3776	0.3778	0.4690	0.4656
华能国际	0.9543	0.9469	0.9571	0.9679	0.9699	0.9743	0.9777	0.9629	0.9517	0.9455	0.9420
皖通高速	0.8600	0.8831	0.8907	0.8925	0.9134	0.9196	0.9201	0.9211	0.9279	0.9331	0.9342
中远海能	0.8280	0.8174	0.8927	0.9681	0.9687	0.9680	0.9774	0.9781	0.8909	0.8495	0.8339
中国石化	0.9161	0.8147	0.7320	0.9436	0.9477	0.9790	0.9795	0.9709	0.9617	0.8407	0.8371
南方航空	0.3503	0.4001	0.3551	0.3635	0.4373	0.5078	0.5502	0.5341	0.4942	0.4530	0.5377
中信证券	0.1292	0.0111	0.1714	0.2535	0.5129	0.5691	0.6104	0.4422	0.4337	0.3422	0.3431
东方航空	0.3394	0.0726	0.1283	0.0366	0.2369	1.1719	0.3186	0.2752	0.3202	0.5268	0.5723
兖州煤业	0.5311	0.6671	0.5988	0.6190	0.6819	0.7017	0.7641	0.8325	0.6251	0.7577	0.7780
白云山	0.5574	0.5226	0.5145	0.5307	0.2504	0.0314	0.0269	0.0767	0.2513	0.2092	0.4811
江西铜业	0.7547	0.6616	0.7192	0.3822	0.5942	0.6123	0.7419	0.7518	0.6765	0.6621	0.6733
宁沪高速	0.9633	0.9830	0.9879	0.9909	0.9968	0.9988	0.9985	0.9967	0.9953	0.9970	0.9979
山东黄金	0.7645	0.7570	0.5762	0.3708	0.7830	0.8485	0.9470	0.9030	0.8800	0.8742	0.9030
深高速	0.9236	0.9157	0.9017	0.8937	0.8784	0.8379	0.8432	0.8274	0.8808	0.8447	0.8085
海螺水泥	0.8917	0.8527	0.8365	0.8181	0.7953	0.7855	0.8183	0.8045	0.7653	0.7006	0.7044
青岛啤酒	0.1935	0.2509	0.2952	0.2427	0.3294	0.0674	0.1386	0.1522	0.1659	0.1828	0.2239

续表

企业	2008年	2009年	2010年	2011年	2012年	2013年	2014年	2015年	2016年	2017年	2018年
中船防务	0.9192	0.9197	0.8815	0.9416	0.9375	0.9283	0.9471	0.9740	0.9545	0.9741	0.9691
上海石化	0.9707	0.9678	0.9891	0.9474	0.9537	0.9602	0.9494	0.9494	0.9609	0.8890	0.8974
南京熊猫	0.3807	0.3546	0.3794	0.4158	0.5665	0.7267	0.7128	0.7761	0.7827	0.8071	0.8031
昆明机床	0.3179	0.3014	0.4530	0.5355	0.6450	0.8376	0.8398	0.5611	0.3632	0.1813	—
海通证券	0.6817	0.7470	0.7218	0.6730	0.7647	0.8210	0.8263	0.7084	0.7013	0.6755	0.7167
京城股份	0.2138	0.2179	0.2221	0.0663	0.3071	0.7436	0.7539	0.6128	0.5191	0.3206	0.5418
创业环保	0.9763	0.9810	0.9689	0.9679	0.9680	0.9644	0.9554	0.9230	0.8853	0.8731	0.8780
东方电气	0.7755	0.8057	0.7983	0.8245	0.8194	0.8201	0.8595	0.8369	0.8208	0.7434	0.6999
洛阳玻璃	0.5879	0.2947	0.1729	0.4659	0.0711	0.7222	0.6320	0.2902	0.3269	0.6266	0.8100
重庆钢铁	0.8859	0.8611	0.8121	0.7607	0.8199	0.8545	0.8610	0.7180	0.4535	0.2007	0.5608
一拖股份	—	0.1773	0.1603	0.5803	0.6509	0.6613	0.7108	0.7249	0.7156	0.6893	0.4884
四川成渝	0.9359	0.9411	0.9416	0.9372	0.9071	0.9022	0.9280	0.9126	0.8900	0.8864	0.8215
中国国航	0.9412	0.8835	0.6357	0.4466	0.5812	0.6131	0.7185	0.6789	0.6531	0.6188	0.5914
广深铁路	0.5661	0.6304	0.5881	0.6230	0.6410	0.7555	0.7968	0.8155	0.7773	0.7817	0.7673
中国中铁	0.7266	0.8030	0.8273	0.8154	0.8307	0.8528	0.8576	0.8569	0.8736	0.8732	0.8642
工商银行	0.9275	0.9375	0.9465	0.9454	0.9494	0.9540	0.9515	0.9493	0.9517	0.9549	0.9569
北辰实业	0.9336	0.9503	0.9475	0.9354	0.9271	0.9296	0.9334	0.9400	0.9530	0.9391	0.9534
中国铝业	0.9577	0.9156	0.8403	0.8946	0.9188	0.9349	0.8406	0.8288	0.8269	0.8404	0.7952
中国太保	0.8897	0.8737	0.8913	0.8932	0.9075	0.9038	0.8937	0.8917	0.8654	0.8575	0.8680
上海医药	—	0.6668	0.5766	0.7534	0.7472	0.7269	0.7346	0.7464	0.7269	0.7364	0.7482
中国人寿	0.8691	0.8713	0.8749	0.8930	0.9089	0.9000	0.9113	0.9121	0.8962	0.8658	0.8726
上海电气	0.4960	0.4943	0.4617	0.4021	0.3597	0.3404	0.4449	0.4660	0.4926	0.4601	0.5010
中国交建	0.7105	0.8365	0.8910	0.8944	0.9029	0.9121	0.9223	0.9207	0.9147	0.9242	0.9282

续表

企业	2008年	2009年	2010年	2011年	2012年	2013年	2014年	2015年	2016年	2017年	2018年
中海油服	0.6922	0.7212	0.5641	0.5594	0.5658	0.4584	0.4022	0.6263	0.6578	0.6009	0.5681
新华文轩	—	—	—	—	—	0.1670	0.1552	0.2274	0.2711	0.0680	0.0973
中国石油	0.8111	0.8752	0.8780	0.8892	0.9319	0.9267	0.9129	0.9126	0.9201	0.8974	0.8529
中远海发	0.9173	0.8126	0.8482	0.9162	0.8708	0.9357	0.9441	0.9565	0.9680	0.9553	0.9533
大连港	0.8647	0.8729	0.8692	0.8281	0.8505	0.8005	0.7698	0.7391	0.7460	0.7569	0.7379
中煤能源	0.7880	0.7486	0.7500	0.8572	0.8899	0.8847	0.8853	0.8935	0.8774	0.7941	0.7888
紫金矿业	0.8025	0.7353	0.7809	0.8123	0.8324	0.8295	0.8162	0.7592	0.7405	0.7371	0.7716
中国银行	0.9062	0.9148	0.9179	0.9220	0.9193	0.9239	0.9285	0.9347	0.9389	0.9418	0.9436
大唐发电	0.9938	0.9936	0.9913	0.9906	0.9902	0.9891	0.9804	0.9862	0.9891	0.9954	0.9795
中信银行	0.8456	0.8603	0.8661	0.8863	0.8732	0.8977	0.9012	0.9425	0.9472	0.9448	0.9383
洛阳钼业	—	0.7865	0.8058	0.8028	0.7294	0.7620	0.8258	0.8696	0.8572	0.8385	0.8187

注："—"表示数据缺失。

资料来源：笔者计算得到。

表3-7中，实验组国有企业资本错配指数测度结果表明：境外上市国有企业存在不同程度的资本错配问题。综合各国有企业2008~2018年资本错配指数的变动情况看，境外上市国有企业资本错配指数的变动相对比较稳定，其中资本错配指数变动在-0.1~0.1的企业共计31家，占境外上市企业总数的54.39%，41家企业资本错配指数变化位于-0.2~0.2的范围内，占比为71.93%。若将2008~2018年各国有企业资本错配指数取算术平均值，并以0.1为组距进行排列，资本错配程度在0.5以上的企业共计45家，占实验组企业数目的78.95%。

将对照组国有企业各年度相应指标代入式（3-8）中，得到2008~2018年各国有企业的资本错配指数如表3-8所示。

表 3-8　　2008~2018 年境内上市国有企业的资本错配程度

企业	2008 年	2009 年	2010 年	2011 年	2012 年	2013 年	2014 年	2015 年	2016 年	2017 年	2018 年
中国宝安	0. 9234	0. 9042	0. 9165	0. 9525	0. 959	0. 9166	0. 9299	0. 8722	0. 8933	0. 9231	0. 9046
深赛格	0. 8973	0. 9175	0. 8158	0. 8378	0. 8389	0. 7897	0. 8134	0. 7801	0. 8263	0. 8457	0. 8373
TCL 集团	0. 5598	0. 5687	0. 6983	0. 6431	0. 5057	0. 4962	0. 4880	0. 5512	0. 6343	0. 6236	0. 6053
太阳能	0. 8400	0. 8723	0. 9067	0. 9101	0. 9060	0. 9176	0. 9346	0. 9991	0. 9985	0. 9985	0. 9994
恒天海龙	0. 7933	0. 8043	0. 7715	0. 7274	0. 8783	0. 8061	0. 7334	0. 6811	0. 6016	0. 5072	0. 6201
华闻传媒	0. 4841	0. 4006	0. 2600	0. 3586	0. 4873	0. 4783	0. 5599	0. 6966	0. 7254	0. 7700	0. 6954
赣能股份	0. 9827	0. 9889	0. 9856	0. 9832	0. 9752	0. 9786	0. 9742	0. 9618	0. 9564	0. 9748	0. 9735
宁通信	0. 7113	0. 7446	0. 7561	0. 8086	0. 8143	0. 7919	0. 7636	0. 7778	0. 8007	0. 7382	0. 7378
上港集团	0. 7334	0. 7556	0. 7854	0. 8367	0. 8435	0. 8494	0. 8607	0. 8649	0. 8854	0. 9054	0. 9089
保利地产	0. 9915	0. 9600	0. 9585	0. 9923	0. 9901	0. 9896	0. 9931	0. 9920	0. 9886	0. 9903	0. 9902
中国医药	0. 9433	0. 8432	0. 8143	0. 7654	0. 8143	0. 8207	0. 8126	0. 8353	0. 8100	0. 8148	0. 7420
同仁堂	0. 8480	0. 7668	0. 7685	0. 7819	0. 7077	0. 7208	0. 6887	0. 6999	0. 6691	0. 5748	0. 5607
长航油运	0. 9917	0. 9819	0. 9912	0. 9747	0. 9557	0. 9530	—	—	—	—	—
北方稀土	0. 7868	0. 7823	0. 6357	0. 7336	0. 7513	0. 8254	0. 8391	0. 8305	0. 8250	0. 8710	0. 8630
浙江东日	0. 8299	0. 9212	0. 9588	0. 9168	0. 9379	0. 9157	0. 9206	0. 7614	0. 5102	0. 5596	0. 5664
三峡水利	0. 5991	0. 4496	0. 7220	0. 7813	0. 7779	0. 6888	0. 3466	0. 5313	0. 4324	0. 3921	0. 4298
西宁特钢	0. 9836	0. 9892	0. 9906	0. 9926	0. 9926	0. 9960	0. 9961	0. 9961	0. 9570	0. 9568	0. 9683
岷江水电	0. 5619	0. 5235	0. 5913	0. 6165	0. 6714	0. 6776	0. 8424	0. 9534	0. 9811	0. 9762	0. 9605
海航控股	0. 9243	0. 9045	0. 9434	0. 9222	0. 9437	0. 9297	0. 9381	0. 9320	0. 9448	0. 9358	0. 9598
沧州大化	0. 7778	0. 8499	0. 8334	0. 8012	0. 8445	0. 7756	0. 8748	0. 6680	0. 7925	0. 7648	0. 7094
羚锐制药	0. 7309	0. 5767	0. 5032	0. 5937	0. 5927	0. 4810	0. 5260	0. 4183	0. 3867	0. 5088	0. 3773
旭光股份	0. 6917	0. 5244	0. 3543	0. 4460	0. 4508	0. 5261	0. 5280	0. 4861	0. 4188	0. 4031	0. 3212
航发科技	0. 8126	0. 8613	0. 8849	0. 9131	0. 8600	0. 9120	0. 8743	0. 8635	0. 8425	0. 8688	0. 8433
现代制药	0. 9108	0. 8137	0. 6763	0. 7527	0. 7230	0. 6999	0. 6947	0. 8356	0. 6894	0. 6993	0. 6299

续表

企业	2008年	2009年	2010年	2011年	2012年	2013年	2014年	2015年	2016年	2017年	2018年
宁夏建材	0. 7453	0. 8533	0. 8684	0. 9425	0. 9552	0. 8481	0. 8104	0. 8870	0. 8874	0. 8363	0. 7803
湘邮科技	0. 9643	0. 9580	0. 9579	0. 9505	0. 9199	0. 9352	0. 7479	0. 4990	0. 4281	0. 6769	0. 9509
卓郎智能	0. 8924	0. 8778	0. 8962	0. 9193	0. 9409	0. 9206	0. 9413	0. 9659	0. 9551	0. 5297	0. 4986
国睿科技	0. 9603	0. 1630	0. 1295	0. 2921	0. 2752	0. 9813	0. 9455	0. 9230	0. 9089	0. 8866	0. 8671
天地源	0. 9253	0. 8961	0. 8897	0. 8249	0. 8194	0. 8282	0. 8662	0. 8931	0. 8831	0. 8887	0. 8398
奥瑞德	0. 3348	0. 4929	0. 7748	0. 9115	0. 8366	0. 7891	0. 8997	0. 9988	0. 9553	0. 9619	0. 8237
太极实业	0. 9120	0. 9364	0. 9437	0. 9365	0. 9122	0. 9400	0. 9042	0. 9312	0. 7119	0. 6675	0. 6661
尖峰集团	0. 8095	0. 7914	0. 7092	0. 7443	0. 7577	0. 7419	0. 8185	0. 7942	0. 813	0. 7714	0. 7626
湖南天雁	0. 8167	0. 8787	0. 4583	0. 3252	0. 2823	0. 6425	0. 5886	0. 3722	0. 5232	0. 5110	0. 3578
曲江文旅	0. 9767	0. 1549	0. 9842	0. 1558	0. 5097	0. 5277	0. 4378	0. 3504	0. 2855	0. 2202	0. 2479
锦江股份	0. 3963	0. 6246	0. 6381	0. 4445	0. 4157	0. 5497	0. 8005	0. 6780	0. 6013	0. 4497	0. 2062
西藏城投	0. 5917	0. 9964	0. 9987	0. 9977	0. 9980	0. 9974	0. 9984	0. 9984	0. 9981	0. 9922	0. 9915
京能置业	0. 8842	0. 8736	0. 9464	0. 9444	0. 9365	0. 9525	0. 9026	0. 8611	0. 8309	0. 8649	0. 8933
保税科技	0. 7361	0. 7811	0. 8134	0. 9130	0. 9449	0. 9543	0. 9717	0. 8949	0. 9303	0. 9297	0. 9353
国电电力	0. 9731	0. 9777	0. 9635	0. 9725	0. 9735	0. 9738	0. 9796	0. 9761	0. 9726	0. 9723	0. 9630
香溢融通	0. 7794	0. 7141	0. 5425	0. 5052	0. 5704	0. 5421	0. 6478	0. 7246	0. 6142	0. 6261	0. 6532
华东电脑	0. 3588	0. 2010	0. 3164	0. 3265	0. 7784	0. 5294	0. 5258	0. 5462	0. 5132	0. 5125	0. 4689
北京城乡	0. 6136	0. 3355	0. 3151	0. 3180	0. 4075	0. 4390	0. 6304	0. 6097	0. 6304	0. 5396	0. 6212
中航高科	0. 1888	0. 6601	0. 7639	0. 7990	0. 8847	0. 9349	0. 9778	0. 9227	0. 9059	0. 9105	0. 9314
星湖科技	0. 8480	0. 2147	0. 8175	0. 9087	0. 9532	0. 9219	0. 9833	0. 9757	0. 9016	0. 9502	0. 7174
览海投资	0. 7887	0. 8273	0. 8394	0. 8817	0. 9220	0. 9363	0. 9601	0. 9528	0. 9459	0. 9405	0. 8313
中材国际	0. 8113	0. 7208	0. 6720	0. 6350	0. 6612	0. 7207	0. 7379	0. 7604	0. 7452	0. 6586	0. 6171
广安爱众	0. 8342	0. 7790	0. 8463	0. 8280	0. 8773	0. 7683	0. 7833	0. 7576	0. 7354	0. 6387	0. 6620
大同煤业	0. 6774	0. 7101	0. 7408	0. 7431	0. 6574	0. 4426	0. 7143	0. 6768	0. 7266	0. 7945	0. 7776

续表

企业	2008年	2009年	2010年	2011年	2012年	2013年	2014年	2015年	2016年	2017年	2018年
柳钢股份	0. 9631	0. 7828	0. 9712	0. 9329	0. 9629	0. 9588	0. 9511	0. 9326	0. 9019	0. 9055	0. 7538
金陵饭店	0. 6946	0. 7105	0. 7132	0. 7219	0. 7767	0. 8061	0. 8086	0. 7311	0. 7080	0. 6175	0. 5064
连云港	0. 9092	0. 9329	0. 9599	0. 9823	0. 9933	0. 9961	0. 8302	0. 9562	0. 9566	0. 9569	0. 9592
平煤股份	0. 3781	0. 1688	0. 2148	0. 1232	0. 1951	0. 3770	0. 5729	0. 4605	0. 0651	0. 5703	0. 5780
招商轮船	0. 9302	0. 9463	0. 9577	0. 9655	0. 9717	0. 9171	0. 9529	0. 9249	0. 9308	0. 9218	0. 8928
国投新集	0. 4607	0. 5119	0. 4900	0. 4599	0. 3812	0. 4108	0. 7061	0. 7386	0. 7913	0. 6262	0. 5326
出版传媒	0. 8061	0. 8353	0. 8138	0. 8126	0. 7669	0. 7659	0. 7491	0. 7906	0. 6842	0. 6268	0. 5377
锦旅股份	0. 5492	0. 6241	0. 5526	0. 5798	0. 6112	0. 6001	0. 6830	0. 7268	0. 5768	0. 6069	0. 1763
大化股份	0. 5896	0. 0709	0. 2755	0. 4903	0. 8828	0. 9653	0. 9884	0. 9874	0. 9876	0. 987	0. 3577

注："—"表示数据缺失。

资料来源：笔者计算得到。

表 3 - 8 中的数据表明，资本错配问题也同样存在于境内上市国有企业中，中航高科的资本错配指数变动幅度最大，其 2008 年为 0. 1888，2018 年则达到 0. 9314 的水平，增长了 0. 7427，同期曲江文旅的资本错配指数则下降了 0. 7288。综合来看，境内上市国有企业资本错配指数变动幅度较大，2008 ~ 2018 年间资本错配指数变化在 - 0. 1 ~ 0. 1 和 - 0. 2 ~ 0. 2 范围的境内上市国有企业分别有 24 家和 38 家，占对照组企业数目的 42. 11% 和 66. 67% 。参照实验组的做法，将 2008 ~ 2018 年各国有企业资本错配指数取算术平均值并以 0. 1 为组距排列，51 家国有企业资本错配程度在 0. 5 以上，占对照组国有企业总数的 89. 47% ，由此来看境内上市企业资本错配程度较高。

更进一步讲，将实验组与对照组国有企业根据上市地点对照关系进行一对一匹配后，求取各个企业资本错配程度 2008 ~ 2018 年的算术平均值得到表 3 - 9。

从表 3 - 9 中的结果来看，对比分析实验组与对照组国有企业资本错配程度的均值发现，30 家境外上市国有企业资本错配程度低于与之匹配的境内上市国有企业，占企业数目的 52. 63% ，其余 27 家境外上市国有企业资本错配程度则要略高于境内上市国有企业，占 47. 37% 。依此来看，境外上市国有企业资本错配程度略低于境内上市国有企业，可以在些许程度上表明国有企业境外上市起到了提高资本配置效率的效果。

表 3－9 实验组与对照组国有企业资本错配程度均值

企业	均值	企业	均值	企业	均值	企业	均值
万科	0.8262	中国宝安	0.9178	南方航空	0.4530	三峡水利	0.5592
昆明机床	0.5036	湖南天雁	0.5233	大唐发电	0.9890	国电电力	0.9725
京城股份	0.4108	尖峰集团	0.7740	晨鸣纸业	0.8684	宁通信	0.7677
上海石化	0.9486	太极实业	0.8602	宁沪高速	0.9915	海航控股	0.9344
青岛啤酒	0.2039	奥瑞德	0.7981	兖州煤业	0.6870	岷江水电	0.7596
中船防务	0.9406	天地源	0.8686	中国石化	0.9021	羚锐制药	0.5178
华能国际	0.9591	锦旅股份	0.5715	中国石油	0.8916	沧州大化	0.7902
中远海能	0.9066	锦江股份	0.5277	中国铝业	0.8722	航发科技	0.8669
洛阳玻璃	0.4546	星湖科技	0.8357	中海油服	0.5833	旭光股份	0.4682
上海医药	0.7163	华东电脑	0.4616	中国人寿	0.8887	湘邮科技	0.8171
东方电气	0.8004	北京城乡	0.4965	紫金矿业	0.7834	卓郎智能	0.8489
创业环保	0.9401	中航高科	0.8072	山东黄金	0.7825	宁夏建材	0.8558
海通证券	0.7307	香溢融通	0.6291	中信证券	0.3472	国睿科技	0.6666
皖通高速	0.9087	西藏城投	0.9599	中国国航	0.6693	广安爱众	0.7736
广深铁路	0.7039	曲江文旅	0.4410	中远海发	0.9162	现代制药	0.7387
经纬纺机	1.4816	太阳能	0.9348	潍柴动力	0.2523	TCL 集团	0.5795
新华制药	0.5596	恒天海龙	0.7204	上海电气	0.4472	中材国际	0.7037
海信家电	0.2614	深赛格	0.8363	中国交建	0.8870	招商轮船	0.9374
南京熊猫	0.6096	览海投资	0.8933	中煤能源	0.8325	平煤股份	0.3367
中兴通讯	0.2754	赣能股份	0.9759	大连港	0.8032	大同煤业	0.6965
白云山	0.3138	大化股份	0.6893	工商银行	0.9477	上港集团	0.8390
海螺水泥	0.7975	浙江东日	0.7999	中国银行	0.9265	保利地产	0.9851
四川成渝	0.9094	西宁特钢	0.9835	中国中铁	0.8347	国投新集	0.5554
重庆钢铁	0.7080	北方稀土	0.7949	新华文轩	0.1643	连云港	0.9484
鞍钢股份	0.9008	华闻传媒	0.5378	洛阳钼业	0.8096	金陵饭店	0.7086

续表

企业	均值	企业	均值	企业	均值	企业	均值
一拖股份	0.5559	同仁堂	0.7079	中国太保	0.8850	出版传媒	0.7445
北辰实业	0.9402	中国医药	0.8196	中信银行	0.9003	柳钢股份	0.9106
江西铜业	0.6573	长航油运	0.9747	—	—	—	—
深高速	0.8687	保税科技	0.8913	—	—	—	—
东方航空	0.3635	京能置业	0.8991	—	—	—	—

资料来源：笔者自制。

（1）对比实验组与对照组国有企业资本错配指数的变动情况，可以发现境外上市国有企业资本错配指数变化相对稳定，即境外上市国有企业资本错配指数变动幅度明显小于境内上市国有企业。一定程度上说明境外证券市场较之境内更能够保证资本配置效率的稳定性。（2）境外上市国有企业资本错配程度要显著低于境内上市国有企业，由此可以反映出国有企业境外上市能够促进资本配置效率提升，有助于促进资本错配现象得到解决。（3）将境外上市国有企业与境内上市国有企业匹配后发现，境外上市国有企业资本错配程度低于境内上市国有企业。

综合上述分析可以得到：从企业层面看，国有企业境外上市确实在一定程度上起到了提高资本配置效率、纠正资本错配的效果。

第三节　资本错配程度对比分析

本节根据上市地点对相应实验组和对照组国有企业资本错配程度求取算术平均值，在此基础上，进一步区分不同上市地点国有企业资本错配状况，分别从境外上市与境内上市、H股上市与A股上市、H+N股上市与A股上市、H股上市与H+N股上市四个维度对比分析国有企业资本错配程度差异，厘清国有企业境外上市纠正资本错配的特征事实。[①]

图3-1为境外上市、境内上市、H股上市、H+N股上市国有企业资本错

① 关于境内上市与A股上市的说明：就上市地点而言，境内上市与A股上市并无区别，为便于比较，本书在具体分析过程中，在与境外上市做对比分析时（即在全样本状况下分析）将国有企业上市地点称为“境内上市”；而A股上市特指具体与H股和H+N对比分析时相应的对照组中的国有企业。

配程度均值。整体上来看，境内上市国有企业资本错配程度最高，为0.7444；H+N股交叉上市次之，为0.7433；境外上市国有企业资本错配程度最低，为0.6517。即从整体上看，国有企业境外上市一定程度上降低了其资本错配程度。

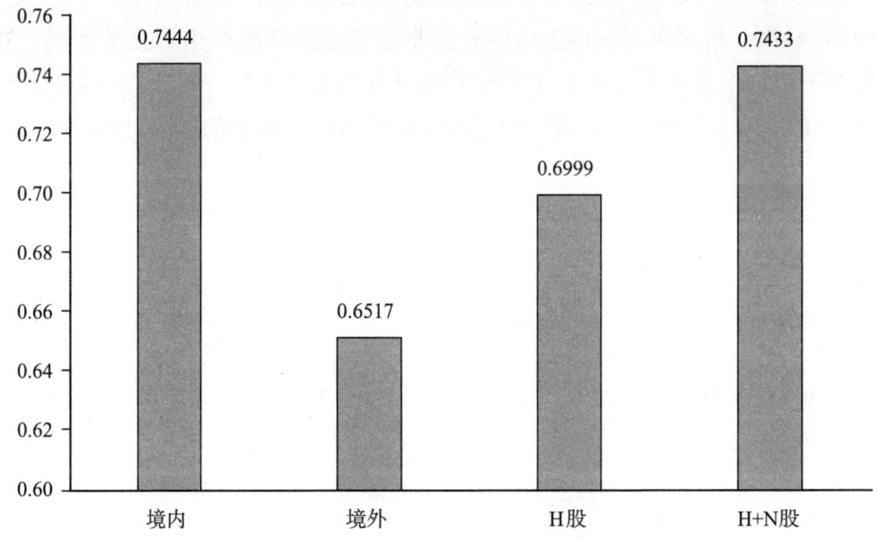

图3-1　不同上市地点国有企业资本错配程度对比

资料来源：根据前述资本错配指数测算结果计算得到。

一、境外上市与境内上市的对比分析

整体上看，境内上市国有企业的资本错配程度明显高于境外上市国有企业，其中2008~2018年境内上市与境外上市国有企业资本错配程度的平均值分别为0.7444和0.6517，反映出境外上市国有企业资本配置效率高于境内上市国有企业。

从资本错配程度变动情况看，境外上市国有企业资本错配程度变化相对比较稳定，2008~2018年其资本错配指数基本在0.65上下，最高水平为2008年0.6931，2010年达到最低水平0.6234。而境内上市国有企业资本错配指数变动可以分为两个阶段，其中2008~2014年基本处于上升状态，2014年达到最高水平0.7991；2014年以后开始呈显著下降趋势，2018年境内上市国有企业资本错配指数降至0.7002，同期与境外上市国有企业资本错配指数仅差0.0388。

从图3-2显示的2008~2018年境外上市与境内上市国有企业资本错配指

数的变动趋势看，2014 年之后二者差距呈明显缩小趋势。一个主要原因在于，2013 年党的十八届三中全会在《中共中央关于全面深化改革若干重大问题的决定》中明确提出“以管企业为主向管资本为主”。该部署的目的在于促进国有企业优化资本配置，提高国有企业资本配置效率（戚聿东和张任之，2019）。显然，该部署对境内上市国有企业资本配置状况产生了显著影响，在其影响下境内上市国有企业资本错配指数逐年降低，从 0.7991（2014 年）一路降至 0.7002（2018 年），该变动过程也即资本配置效率的提高过程。

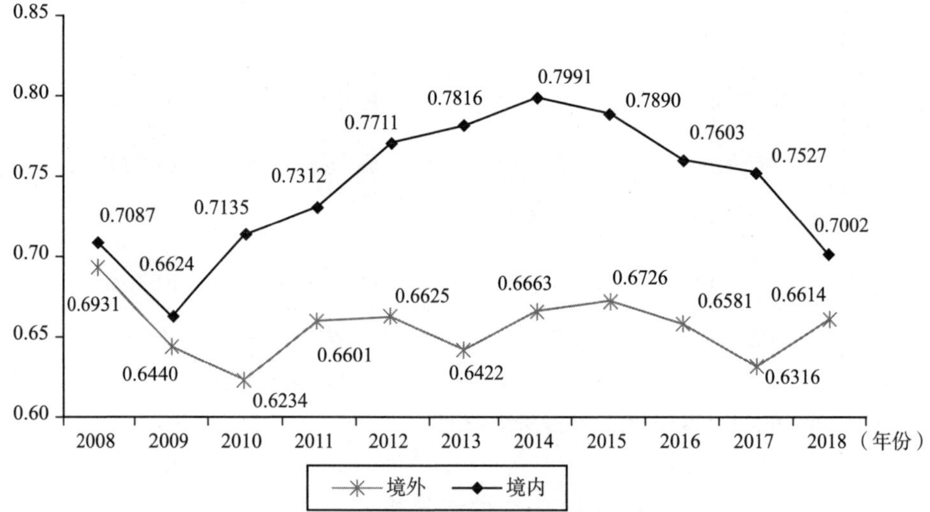

图 3－2　2008～2018 年境外上市与境内上市国有企业资本错配指数动态演进

资料来源：根据前述资本错配指数测算结果计算得到。

二、H 股上市与 A 股上市的对比分析

对比分析 H 股上市与 A 股上市国有企业资本错配指数的变动情况可以发现，2008 年金融危机后，两地上市国有企业资本错配指数演进过程高度一致（如图 3－3 所示），二者在 2014 年之前均大致呈上升趋势，H 股上市与 A 股上市国有企业资本错配指数均在 2014 年达到最高水平，分别为 0.7740 和 0.8034；2014 年之后，两地上市国有企业资本错配指数大体呈下降趋势。综合来看，H 股上市国有企业资本错配程度低于 A 股，即国有企业资本配置效率在 H 股市场更高。

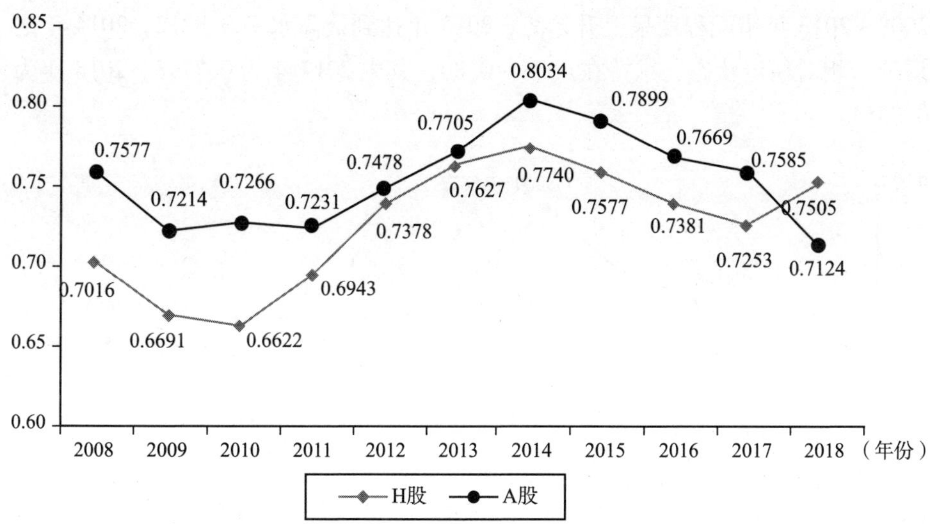

图 3-3　2008～2018 年 H 股上市与 A 股上市国有企业资本错配指数动态演进

资料来源：根据前述资本错配指数测算结果计算得到。

从二者之间的差距看，A 股上市国有企业与 H 股上市国有企业间的资本错配程度差距呈逐步拉低态势，2008 年 A 股上市国有企业资本错配指数值为 0.7577，H 股为 0.7016，二者相差 0.0561，2012 年和 2013 年二者仅相差 0.01 和 0.0078，2018 年 A 股上市国有企业资本错配程度首次低于 H 股为 0.7124。

H 股上市与 A 股上市国有企业资本错配指数动态演进表现出较高程度的相似性，且两地上市国有企业资本错配指数差距有不断缩小的态势，反映出境内资本市场有效性在不断提高，使得境内上市国有企业资本配置状态不断向合理化与优化的方向演进。

三、H+N 股上市与 A 股上市的对比分析

2008～2018 年 H+N 股上市与 A 股上市国有企业资本错配指数均值分别为 0.7433 和 0.7843，交叉上市国有企业资本错配程度略低于境内上市国有企业。从资本错配指数变化趋势看，H+N 股上市与 A 股上市国有企业资本错配指数都呈先升后降的趋势（如图 3-4 所示）。其中 2008～2012 年 A 股上市国有资本错配程度呈上升趋势，2012 年达到峰值 0.8809，2013 年后错配程度逐年降低，且下降速度较快，截至 2018 年 A 股上市国有企业资本错配程度已经降至 0.6775；H+N 股上市国有企业资本错配变化大致可以分为两个阶段：

2008～2013 年错配程度呈上升趋势，2013 年达到最高水平 0. 8812，2014 年之后处于相对稳定状态，维持在 0. 78～0. 80，其中 2017 年为 0. 7798，2018 年为 0. 7853。

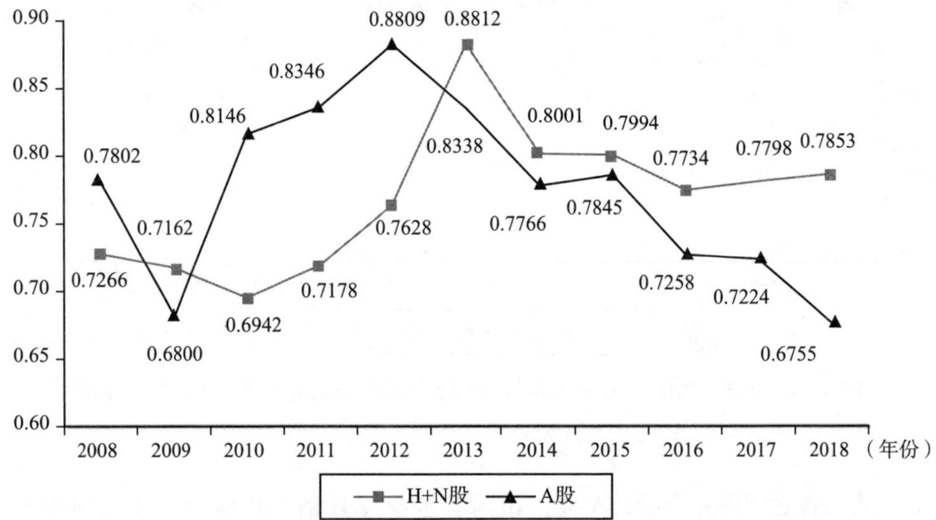

图 3－4　2008～2018 年 H＋N 股上市与 A 股上市国有企业资本错配指数动态演进

资料来源：根据前述资本错配指数测算结果计算得到。

综合来看，H＋N 股上市与 A 股上市国有企业资本错配指数呈交错变化特征，2008～2012 年 A 股上市国有企业资本错配指数基本高于 H＋N 股；2013 年之后 H＋N 股交叉上市国有企业资本错配程度则要高于 A 股。随着中国境内资本市场运行机制逐步完善以及相关政策实施，能够在一定程度上纠正国有企业资本错配问题，促进资本配置效率提升。在一定程度上说明国有企业在 H＋N 股交叉上市的资本配置效率提升效果可能不如 A 股。

四、H 股上市与 H＋N 股上市的对比分析

与在 H＋N 股交叉上市的国有企业相比，香港上市国有企业资本错配程度明显较低，其中 2008～2018 年 H 股上市、H＋N 股上市国有企业资本错配程度均值分别为 0. 6999、0. 7433，即 H＋N 股交叉上市对提高国有企业资本配置效率的效果不如 H 股明显。

从资本错配程度变动趋势看（如图 3－5 所示），H 股上市与 H＋N 股上市国有企业资本错配程度变动趋势具有较高程度的相似性，但是 H＋N 股上市国

有企业资本错配程度变动幅度更大，H 股上市国有企业资本错配指数变化则相对更平缓。其中，H + N 股上市与 H 股上市国有企业资本错配指数峰值分别为 0.8812 和 0.7740，二者的最低水平分别为 0.6942 和 0.6622，极差分别为 0.1870 和 0.1118。

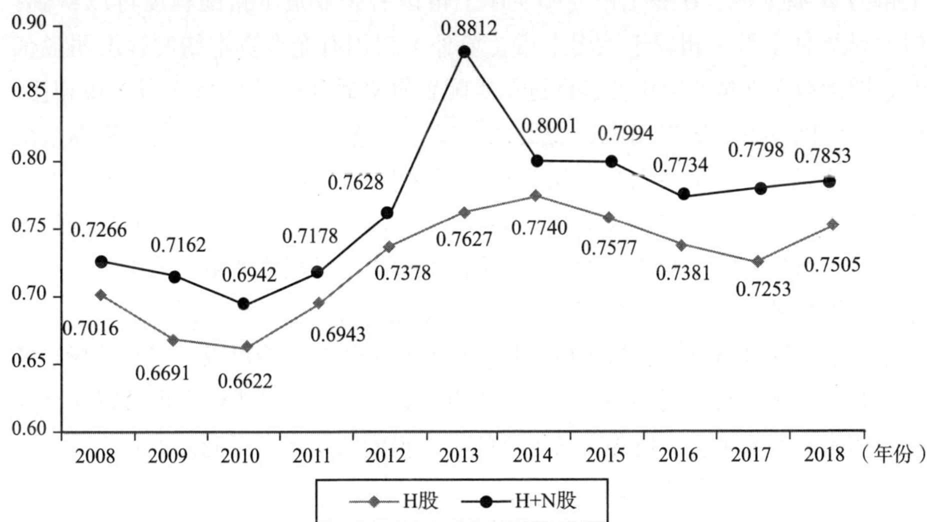

图 3-5　2008～2018 年 H 股上市与 H + N 股上市国有企业资本错配指数动态演进

资料来源：根据前述资本错配指数测算结果计算得到。

综合来看，在 H 股上市与 H + N 股上市国有企业 2008～2018 年资本错配程度差距不大，但在 H + N 股交叉上市国有企业的资本错配程度始终高于 H 股。从该方面看，相较于 H 股，国有企业在境外交叉上市对纠正资本错配的意义不大。

第四节　本章小结

本章以柯布—道格拉斯生产函数为基础，通过固定效应模型对实验组及对照组国有企业的生产函数进行拟合，通过回归分析得到资本和劳动产出弹性及实验组与对照组各国有企业的资本错配程度。在此基础上厘清了国有企业境外上市纠正资本错配的特征与事实。

第一，从企业层面看，可以得到如下直观结果：（1）境外上市国有企业资本错配指数变动较之境内上市国有企业的稳定性更强，表明境外证券市场稳定资本配置效率的能力强于境内证券市场；(2) 境外上市国有企业资本错配程度显著低于境内上市国有企业，即境外上市促进了国有企业提高资本配置效率。

第二，对比分析境外上市与境内上市、H 股上市与 A 股上市、H + N 股上市与 A 股上市、H 股上市与 H + N 上市国有企业资本错配程度可以得到：(1) 从整体上看，相较于境内上市，境外上市国有企业资本错配程度明显偏低，即国有企业境外上市能够促进资本配置效率提升；(2) 与 A 股上市相比，H 股上市国有企业资本错配程度更低；(3) 境外交叉上市国有企业资本错配程度与 A 股上市国有企业资本错配程度呈交错变化特征，且近些年 A 股上市国有企业的资本错配程度低于 H + N 股交叉上市的国有企业；(4) 对比分析 H 股上市与 H + N 股上市国有企业的资本错配指数，可知境外交叉上市国有企业资本错配程度高于单独在 H 股上市的国有企业。

基于上述分析可得：从整体上看，国有企业境外上市可以对资本错配现象进行有效纠正；具体到不同境外上市地点看，国有企业到香港上市可以起到纠正资本错配的效果，而境外交叉上市的资本错配纠正效果可能并不明显。

第四章
国有企业境外上市纠正资本错配的原因分析

本章结合国有企业境外上市纠正资本错配的特征事实，从宏观和微观两个维度分析国有企业到境外上市可以对资本错配现象进行纠正的原因。在此基础上，从企业声誉和消费者偏好两方面做进一步分析。

第一节　宏观原因

一、制度因素

从制度的角度分析，国有企业到境外上市之所以能够对资本错配问题进行纠正的关键原因来自两个方面：一是中国境内关于国有企业上市的制度约束存在缺陷；二是国有企业在境外严格的法律及制度影响下，能够改善其经营中存在的问题，达到倒逼国有企业改革的效果。

（一）境内上市的不足之处

前述理论分析表明，信息披露质量高低直接关系到资本配置效率高低。在资本市场运营中，信息对资本配置的影响至关重要。这就客观上需要企业及时准确地对公司相关信息进行披露。为此，中国先后制定了一系列法律法规，对企业信息披露做出了一系列要求。2000 年，中国证券监管部门开始对上市公司信息披露进行规范，随后，证监会、深交所和证交所先后发布《公开发行证券的公司信息披露编报规定第 13 号——季度报告内容与格式特别规定》《证券交易所上市公司投资关系管理指引》《上市公司投资者关系自律条约》。时下，已经形成以《证券法》为主体，相关法律法规为补充的信息披露体系。

中国的信息披露体系一直处于不断完善的过程中，尽管已经在首次披露、定期报告和临时报告等方面制定了较详细的规则，但是其与美国等地的证券市场相比依然存在较大差距。其中突出表现在：（1）当前中国的信息披露只是补充手段，发挥的作用有限；（2）内部控制信息缺乏对披露内容的分层规范与划分；（3）对管理层责任人责任声明与评价意见尚不健全；（4）缺乏对内部控制信息每部分内容的注解及其说明。

另一方面，境内上市为企业信息披露提供的法律法规也存在不合理之处，其中包括：（1）部分法律对责任主体的确立不明确、制度标准有待调整；（2）各监管部门不能及时地发现问题，使其与问题解决存在时滞效应；（3）对违法违规行为的惩处力度过轻，过分注重行政处罚，对违法行为起到的震慑作用较小。

上述制度性问题的存在直接导致信息不对称问题（李欣泽和陈言，2018）。信息披露不完善直接影响了境内上市国有企业资本配置，诱发国有企业资本错配。

（二）境外上市的倒逼机制

1991 年 1 月 29 日，万科企业股份有限公司在香港上市拉开了中国国有企业境外上市序幕。随后，国有企业迎来了境外上市高潮。从证券市场发展历史看，中国境内证券市场建立于 1990 年，至今仅有 30 年的发展历程，而美国证券市场和中国香港证券市场均有百年以上的历史。与之相比，可以说中国境内证券市场尚处于起步阶段。

在信息披露方面，美国和中国香港都已经建立了严格、复杂的信息披露体系，对在两地上市公司的信息披露质量有较高要求，规定上市公司必须严格遵循信息披露义务。其中，美国证券市场对上市公司的披露要求主要依据《1933 年证券法》（*Securities Act of* 1993）、《1934 年证券交易法》（*Securities Exchange Act of* 1934）和 2002 年颁布的《2002 年萨班斯—奥克斯利法案》（*Sarbanes-Oxley Act*，简称 SOX 法），一系列法律法规对规范上市公司行为产生了积极效果。《1933 年证券法》和《1934 年证券交易法》对信息初次披露和持续披露做出了明确的法律规定，时下美国证券市场业已形成完备的资本市场法律体系和相对完善的公司上市制度。另外《2002 年萨班斯—奥克斯利法案》要求在美上市公司需要从内部控制总体评价、管理层内部控制评价、内部控制审计、财务报告内部控制变更四个方面对企业内部控制信息进行披露（杨雪和孙靖超，2016）。这一系列配套的法律法规和制度体系使得美国证券市场能够实现对上市公司的全面立体监管，可以有效地降低企业的管理成本和经营风险，起到保护投资者利益的效果。

从香港证券市场对上市公司的要求来看，所有在港上市的企业均要遵守香港联合交易所制定的《上市规则》，该规则对上市企业信息披露也做出了明确且全面的规定，该规则对上市公司股权信息披露、关联交易信息披露、信息披露限定、重要资料披露审查均做出了详细规定。与境内上市制度相比，《上市规则》对于国有企业上市要求的规定相对更为严格，譬如《上市规则》中规定“新申请人必须提供适宜的注册会计师财务报告”①，若国有企业无法提供适宜的注册会计师财务报告，当注册会计师在财务报告中有重大保留意见时，香港联合交易所会做出拒绝该企业在香港上市的规定。经过150多年的发展，香港证券市场已经形成包括立法局、证监会、联合交易所和结算公司在内的全方位市场监管法规体系（马骁和刘力臻，2013），加之香港证券市场便利高效的金融服务体系，能够切实起到保护投资者利益的效果。

从制度经济学角度看，完备的制度设计能够促进企业提高效率。显然，与美国和中国香港证券市场相比，中国证券市场无论是在法律法规中，还是在信息披露标准上均与之存在较大差距，该原因使得境内上市国有企业资本错配程度偏高；另一方面，国有企业到美国、中国香港资本市场上市，就必须遵守其对信息披露的要求，按照相应的标准对企业信息进行公开披露。这起到倒逼国有企业信息披露质量提升的效果，而这些将会在很大程度上解决信息不对称问题。此外，这些因素也敦促国有企业以国际化视角进行生产与经营，促进国有企业整体价值提升，从而使其的资本错配问题得到纠正。

二、证券市场发展程度

中国国有企业境外上市地点基本集中于中国香港和美国证券市场，与境内证券市场相比，中国香港和美国证券市场的发展程度要明显发达。证券市场发展程度通常可以由证券化率指标衡量，其中一国（地区）的证券化率等于该国（地区）证券总市值占GDP的比重。通常情况下，一国（地区）的

① 《1986全国诉讼法学讨论综述》，中国政法大学出版社1988年版，第50页。

证券化率越高即说明其证券市场地位越高，证券市场发展程度也相应越成熟。图4-1为2000~2017年世界主要证券市场的证券化率。

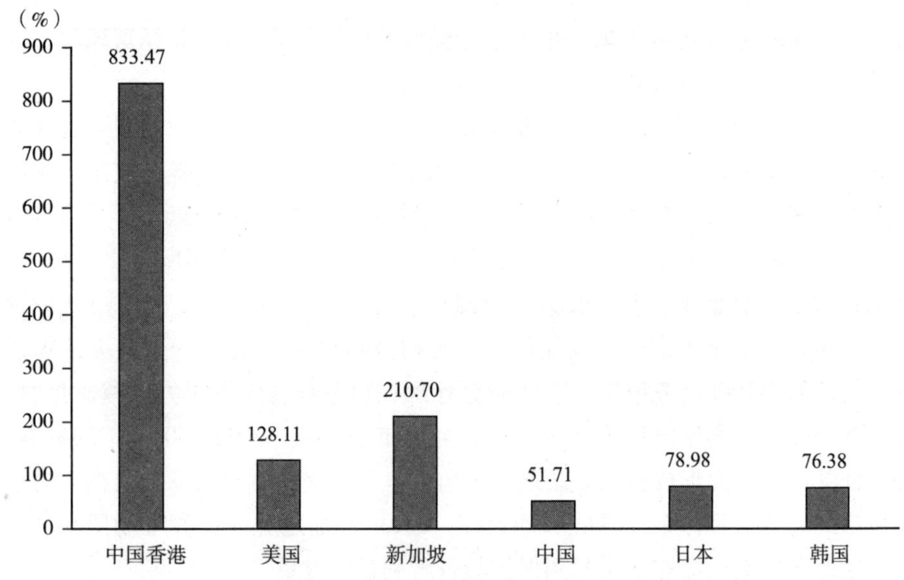

图4-1　2000~2017年世界主要证券市场证券化率对比

资料来源：根据新浪财经全球宏观经济数据网站（http：//finance. sina. com. cn/worldmac/compare. shtml）数据整理绘制。

从图4-1看，与世界上主要发达国家（地区）的证券化率相比，中国证券化率处于相对较低的水平，2000~2017年中国证券化率均值仅为51.71%，低于中国香港、美国、新加坡、日本和韩国的水平。与世界主要发达国家（地区）的证券市场发展相比，中国证券市场起步较晚，配套机制和法律体系尚不完善，境内上市国有企业资本配置效率偏低。中国国有企业通过到证券市场发育程度相对完善的中国香港和美国上市，在其完备的证券市场监督机制约束下，不断发现并消除资本配置过程中的障碍，从而对资本错配问题进行纠正。

前述从证券化率均值角度得到国有企业境外上市集中地中国香港和美国的证券市场发展程度显著高于中国境内证券市场。图4-2为2000~2017年国有企业主要境外上市地点中国香港、美国与中国境内证券化率的动态变化趋势。

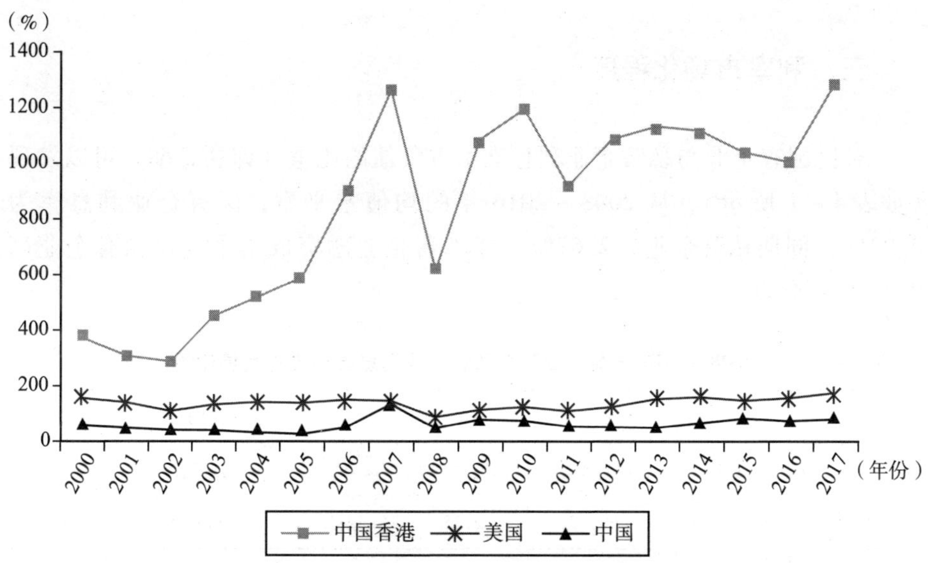

图 4-2　2000~2017 年中、美、港证券化率变动趋势

资料来源：根据新浪财经全球宏观经济数据网站（http：//finance. sina. com. cn/worldmac/compare. shtml）数据整理绘制。

从图 4-2 中国、美国和中国香港地区的证券化率变动趋势看，2000~2017 年三地的证券化率均有一定程度的提升态势，但中国证券化率的提升速度处于相对较低的水平。其中，中国境内的证券化率与美国相对比较接近，但是一直低于美国，二者之间差距始终存在；与香港相比，内地的证券化率存在相对较大的差距。具体到资本配置角度，欠发达的证券市场会直接影响国有企业的股权集中度（冯根福等，2002），即在欠发达的证券市场中，企业以发行股票的形式筹集资金的难度会高于发达的证券市场，在客观上使得欠发达证券市场的股权集中度偏高。更进一步讲，这会直接关乎企业资本配置效率，使得在欠发达证券市场上市企业的资本配置与帕累托最优状态的偏离程度更大。境外发达的证券市场则会对上市国有企业形成强有力的约束，克服中国证券市场片面追求概念、短期交易横行的格局（王竹泉等，2017），起到纠正资本错配的效果。从融资约束的角度看，中国香港地区和美国相较于境内证券市场拥有更为优质的信息制度环境，使得国有企业的融资难度降低，有助于解决融资问题。

综合来看，相对发达的证券市场有助于促进国有企业资本按照境外市场规则规范配置，其主要通过解决融资问题来提高国有企业的资本配置效率，减少资本配置过程中的扭曲行为。

三、利率市场化程度

对比国有企业与私营企业利息支出占负债的比重（即利息率）可以发现（如表4－1所示），从2008～2016年的均值水平看，国有企业利息率为2.23%，同期私营企业为2.67%，即私营企业融资成本平均比国有企业高0.44个百分点。

表4－1　2008～2016年国有企业与私营企业利息支出占总负债比重

年份	国有企业			私营企业		
	负债	利息支出	占比（%）	负债	利息支出	占比（%）
2008	111374.72	2500.76	2.25	42825.3	1119.68	2.61
2009	130098.87	2363.66	1.82	50495.45	1178.03	2.33
2010	149432.08	2645.56	1.77	64068.41	1535.3	2.40
2011	172289.91	3844.01	2.23	69744.77	2026.78	2.91
2012	191349.97	4903.82	2.56	82699.28	2578.76	3.12
2013	214230.57	5197.98	2.43	101333.98	2965.57	2.93
2014	230132.08	5865.03	2.55	111130.1	3178.3	2.86
2015	246147.12	5688.21	2.31	118651.48	3041.23	2.56
2016	257235.38	5591.81	2.17	121386.12	2858.18	2.35
均值	—	—	2.23	—	—	2.67

资料来源：据国家统计局官方网站数据绘制而成。

图4－3为国有企业和私营企业2008～2016年利息率的变动趋势，2012年国有企业和私营企业利息率均达到最高水平，分别为2.56%和3.12%，二者之间相差0.56个百分点。2012年之后，二者差距逐年拉近，截至2016年，私营企业与国有企业的利息率仅相差0.18%。究其原因在于，2012年中国共产党第十八次全国代表大会明确提出“让市场在资源配置过程中发挥决定性作用”，该部署很大程度上促进了国有企业和私营企业信贷支持向公平化和市场化的方向发展。

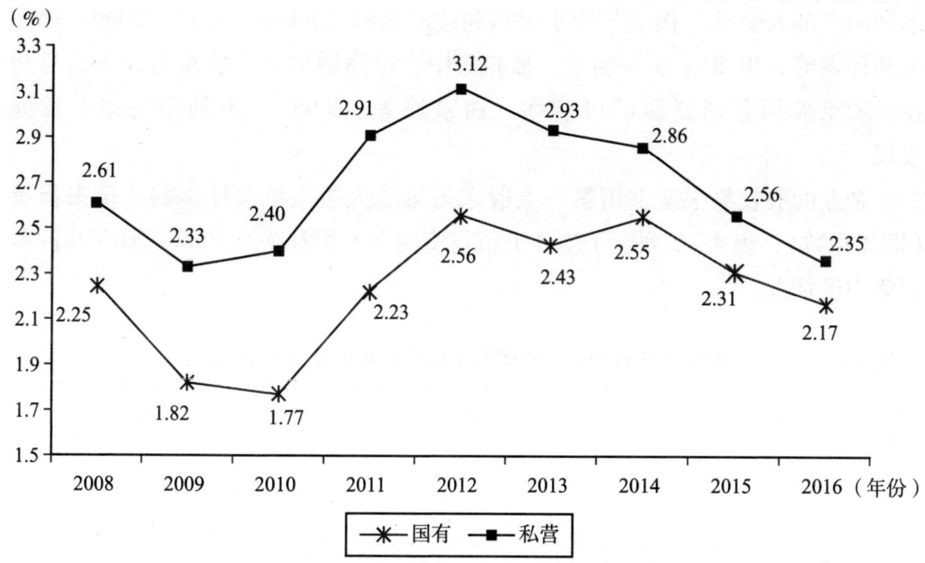

图 4-3　2008~2016 年国有企业与私营企业利息率变动情况

资料来源：据国家统计局官方网站数据绘制而成。

中国的利率市场化进程仍然需要进一步推进，利率市场化程度偏低导致国有企业与私营企业在信贷支持上存在差异，这在客观上降低了国有企业资本配置效率。

从境外发达资本市场看，其利率市场化程度要明显高于中国境内，在境外上市的国有企业与境外证券市场本地的企业享有相同的利息率，由此使得国有企业享受银行优惠信贷的路径堵塞。国有企业若想得到境外银行的信贷支持就必须提升其经营绩效，该过程会促进国有企业资本配置效率不断提高，解决其资本错配问题。

第二节　微观原因

第一节中从宏观维度对国有企业境外上市纠正资本错配的原因进行了分析，本节进一步从微观角度进行剖析。

一、股权集中度

在股权方面，国有企业的突出问题即为股权集中度过高，由此会加大大股东利用内部人交易“掏空”中小股东利益的风险（Johnson et al.，2000；孙光国和孙瑞琦，2018）；另一方面，股权集中度过高增加了大股东为谋求自身利益而随意挪用公司资源的可能性（白重恩等，2005），不利于公司的长远发展。

企业的股权集中度常用第一大股东与第二大股东持股比例的比值来衡量（即Z指数），表4－2列示了境外上市与境内上市国有企业2008～2018年的股权集中度情况。

表4－2　境外上市与境内上市国有企业股权集中度（Z指数）

年份	境外	境内
2008	2.92	23.96
2009	2.94	25.87
2010	3.04	27.95
2011	2.98	22.49
2012	2.90	21.66
2013	2.80	33.32
2014	2.78	35.48
2015	2.39	35.85
2016	2.65	21.40
2017	2.10	26.87
2018	2.11	21.37
均值	2.69	26.93

资料来源：据国泰安数据库数据绘制而成。

从表4－2中的数据来看，境外上市国有企业的股权集中度明显低于境内上市国有企业。其中，2008～2018年境外上市国有企业股权集中度均值仅为2.69，而境内上市国有企业高达26.93，是前者的10倍。股权集中度过高，会导致政企不分现象；另一方面，若监督监管不到位，则会出现内部人控制问题（张功富，2009），导致中小股东利益无法得到保障。而国有企业到境外上市能够降低过高的股权集中度，督促国有企业按照市场化模式运作，起到纠正资本错配的效果。另一方面，境外上市国有企业股权集中度较低意味着其股权结构分散，而分散的股权结构有助于分散国有企业风险，实现股权结构多样化，这对于提高国有企业资本配置效率是大有裨益的。

此外，与境内上市国有企业相比，国有企业境外上市能够对资本错配问题进行纠正的原因在于：长期以来境内 A 股证券市场的股权分置问题严重阻碍了资本市场开放。而国有企业到境外上市能够推进股权分置改革进程，实现控股股东股票自由流通，使得控股股东与中小股东的获利方式趋于一致，消除“同股不同价，同股不同权”现象。显然，这会使得股东对股价的关注程度增强（孙光国和孙瑞琦，2018；郑志刚，2010）。该逻辑使得国有企业在境外上市后，控股股东积极参与企业治理，资本错配问题在该过程中得以纠正。

二、董事会与监事会构成

目前，中国国有企业存在所有者缺位的现实情况，这便直接导致法律上委托人监督和约束代理人的动机减弱，国有企业内部控制有效性也会因此大打折扣（吴秋生和王少华，2018；白重恩等，2005）。

董事会和监事会的职能在于弥补“所有者缺位”的制度缺陷（徐伟等，2018），发挥监督和约束作用。在现代公司治理模式中，促进董事会、监事会和经理层形成相互制衡的机制被认为是最优的公司治理模式。

公司董事会的核心职能是发挥监督作用（于小喆，2012），而我国境内上市国有企业的董事会行政色彩较重，直接导致了国有企业市场主体地位缺失。

独立董事是不受制于控股股东和公司管理层的董事，其存在的目的在于通过保持对公司事务的独立判断而起到制约控股股东的效果，另一方面独立董事需要通过专业的知识和技能促使董事会进行科学决策（张鸿，2001），独立董事是作为社会公众利益代表而存在的（吴凡和卢阳春，2010）。从境内上市国有企业独立董事的构成状况看，独立董事的“独立性”偏低。

中国境内上市国有企业的监事会作用发挥也存在很大的局限性。其具体表现包括：其一，在股东监事由国资监管部门委派的情况下，非独立的监事无法实现对经理层的有效监督；其二，监事会的知情权通常得不到保障，存在信息不对称现象等。

显然，境外证券市场的制度体系和上市规则能够有效地矫正这些问题，体现在资本配置中则会对资本价格扭曲问题起到纠正作用。

此外，从董事会、独立董事和监事会规模来看，境外上市国有企业与境内上市国有企业也存在一定程度的差异，其中 2008 ~ 2018 年境外上市与境内上市国有企业董事会与监事会状况如表4－3所示。

表4－3　境外上市与境内上市国有企业董事会与监事会状况　单位：人次

年份	境外			境内		
	董事会	独立董事	监事会	董事会	独立董事	监事会
2008	11	4	5	10	4	4
2009	11	4	5	10	3	4
2010	11	4	5	10	4	4
2011	11	4	5	10	3	4
2012	11	4	5	10	3	4
2013	11	4	5	10	4	4
2014	11	4	5	10	3	4
2015	10	4	5	9	3	4
2016	10	4	5	9	3	4
2017	10	4	5	9	3	4
2018	10	4	5	9	3	4

资料来源：据国泰安数据库数据绘制而成。

从表4－3显示的结果看，与境内上市国有企业相比，境外上市国有企业的董事会规模、独立董事规模和监事会规模都略高，其中，境外上市国有企业的董事会规模基本维持在10～11人次，而境内上市国有企业为9～10人次；从独立董事和监事会规模看，境外上市国有企业也平均比境内上市国有企业高1人次。

从公司治理角度看，相对较高的董事会和监事会规模能够在一定程度上解决监督监管的职能缺位问题，有助于完善董事会、监事会和经理层之间的相互制约关系，提升国有企业治理效率。由此使得，国有企业到境外上市能够对资本错配现象进行纠正。

三、经理层监督约束机制

由于国有企业所有权与控制权分离，客观上使得作为委托人的控股股东与作为代理人的经理层二者的目标函数背离（孙光国和孙瑞琦，2018），“委托代理冲突”便由此产生。

一方面，从中国境内经理人市场的发展历程看，境内经理人市场起步较晚，且仍处于不成熟阶段。境内资本市场对于上市企业经理层的监督与约束机制也尚不完善，直接导致经理层为追求个人利益最大化而损害投资者利益的风险增加。从信息披露角度看，境内资本市场监督约束机制欠缺使得社会公众无法实现对经理层有效、实时地监督，在该种情况下直接导致经理层对企业信息披露具有较大程度的操纵权，经理层通过在信息披露成本与收益之间进行权衡，做出对自身有利的抉择，这会进一步影响到企业资本配置效率，产生资本错配。

另一方面，从经理层的薪酬设计来看，目前中国境内上市国有企业经理层的薪酬水平仍然直接受政府部门制约，与企业经营绩效脱钩的现实问题十分突出。显然，这种薪酬设计机制会直接影响经理层的工作积极性，对国有企业长期发展产生不利影响，降低资本配置效率。此外，中国境内对国有企业的激励多以物质和金钱为主，缺少与国有企业长期利益挂钩的股权激励机制（吴凡和卢阳春，2010），这也会对国有企业资本配置效率提高产生不利影响。

与中国境内市场相比，境外资本市场相对更加成熟，其对经理层的监督与约束机制也更为健全，能够有效地缓解“委托代理冲突”。香港联合交易所的《上市规则》和美国证券市场颁布的《2002 年萨班斯—奥克斯利法案》关于对上市企业信息披露标准的规定能够有效降低经理层对信息披露的操纵权。加之境外成熟的经理人市场和规范的法律法规体系，使得在境外上市国有企业控股股东与经理层之间的代理冲突会直观体现在企业股价和经营成果中。与此同时，境外上市国有企业委托人对代理人的选择范围也因企业到境外上市而扩大，代理人被替代的风险也因此增加（徐伟等，2018），境外成熟的经理人市场使得经理人之间形成相互竞争状态，在此环境下经理人会更加注重维护自身声誉，更加关注企业的长远利益。由此使得经理层与控股股东之间因“委托代理冲突”导致的资本错配问题得到一定程度的纠正。

四、信息披露质量

信息披露质量高低直接关系国有企业资本配置效率，究其原因在于企业资本配置效率高低与委托代理人之间的信息不对称程度存在直接相关关系。国有企业信息披露质量提升能够有效地解决委托人与代理人之间的信息不对称问题，缓解“委托代理冲突”（Coase，1937；董秀良等，2016；胡国柳和赵阳，2017；郑志刚，2010；Black，2001），从而对资本错配问题进行有效纠正。

一般情况下认为，四大会计师事务所[①]审计水平较高，经由其审计的公司其信息披露质量也相对较高，2008～2018年经由四大会计师事务所审计的境外与境内上市国有企业状况如表4－4所示。

表4－4　2008～2018年四大会计师事务所审计境外上市与境内上市国有企业状况

年份	企业数目		占比（%）	
	境外	境内	境外	境内
2008	35	4	61.40	7.02
2009	33	4	57.89	7.02
2010	31	4	54.39	7.02
2011	37	4	64.91	7.02
2012	38	3	66.67	5.26
2013	37	3	64.91	5.26
2014	37	3	64.91	5.26
2015	35	3	61.40	5.26
2016	36	3	63.16	5.26
2017	36	5	63.16	8.77
2018	37	5	64.91	8.77

资料来源：据国泰安数据库数据绘制而成。

从表4－4中的数据看，在本书涉及的57家境外上市国有企业中，2008～2018年经由四大会计师事务审计的企业数目均在30家以上，占境外上市企业数目的50%以上，同期在境内上市的57家国有企业中，仅有3～5家经由四大会计师事务所提供审计服务，仅占境内上市企业数目的5%～8%。

通过上述分析，基本可以看出，境外上市国有企业的信息披露质量明显高于境内上市国有企业，高质量的信息披露水平使得委托方与代理方之间的信息

① 四大会计师事务所即为：普华永道（PwC）、德勤（DTT）、毕马威（KPMG）、安永（EY）。

不对称程度大大降低，使得国有企业通过选择到境外上市而对资本错配问题做出纠正。

五、高管激励标准

对经营管理者进行切实有效的激励，能够有效避免国有企业经营管理者在生产经营中的短期行为，激发企业的市场活力，提升企业的市场适应能力；另一方面，当企业缺乏奏效的激励机制时，会直接导致经营管理者为实现个人利益最大化而损害股东利益的行为产生（王竹泉等，2017），这些问题反映在资本配置过程中便会出现资本价格被扭曲的现象，形成资本错配。

国内外学者常用监管层前三名薪酬总额（J3）、董事前三名薪酬总额（D3）和高管前三名薪酬总额（G3）三个指标常来衡量企业对高管的激励情况。2008～2018 年境外上市与境内上市国有企业的高管激励情况如表 4－5 所示。

表 4－5　境外上市与境内上市国有企业高管激励情况　单位：万元

年份	境外			境内		
	J3	D3	G3	J3	D3	G3
2008	325.45	227.71	310.23	145.12	86.29	138.15
2009	326.67	247.72	297.37	144.33	103.24	134.66
2010	387.76	288.72	363.60	168.34	120.08	157.67
2011	428.56	336.25	404.38	196.88	139.41	184.31
2012	424.56	339.89	394.55	196.73	153.67	181.92
2013	415.33	313.26	390.31	209.13	173.84	193.91
2014	432.31	337.56	404.14	226.91	178.22	211.31
2015	442.46	275.92	414.52	253.60	199.91	232.24
2016	450.86	306.11	437.67	280.95	222.70	265.87
2017	482.77	361.63	468.10	310.85	223.29	295.94
2018	558.82	404.83	535.59	334.78	241.79	316.97
均值	425.05	312.69	401.86	224.33	167.49	210.27

注：J3、D3 和 G3 分别表示监管层前三名薪酬总额、董事前三名薪酬总额和高管前三名薪酬总额。
资料来源：据国泰安数据库数据绘制而成。

对比表4-5中境外上市与境内上市国有企业的高管激励情况可以发现：境内上市国有企业监管层前三名薪酬总额（J3）、董事前三名薪酬总额（D3）和高管前三名薪酬总额（G3）三个指标均显著低于境外上市国有企业，从上述三个指标2008~2018年的均值看，境外上市国有企业上述三个指标值分别是境内上市国有企业的1.89倍、1.87倍和1.91倍。

境内上市国有企业对高管的激励明显低于境外上市国有企业，相比之下境内上市国有企业的经营管理者为谋求个人利益而损害股东利益的可能性会因此增加，导致境内上市国有企业资本不当配置的风险也会相应加大。而境外上市国有企业高管激励机制相较于国内更能有效避免经营管理者的短期行为，境外上市国有企业通过按照境外资本市场的要求建立健全经营管理者激励机制，使得投资者回报提升，进一步促使国有企业资金高效运转，资本错配得以纠正。

第三节 其他原因

除上述宏观原因和微观原因之外，国有企业境外上市会对资本错配进行纠正的原因还包括如下企业声誉和消费者偏好两方面。

一、企业声誉

声誉作为重要的无形资产对企业资本配置具有不可估量的影响。经济学中最早关于声誉的研究可以追溯至18世纪60年代亚当·斯密的论断，其认为声誉作为一种机制，其存在的目的在于保证契约顺利实施，该论断奠定了学术界对声誉问题的研究基调。

20世纪90年代，以丰布兰和闰多瓦（Fombrun and Rindova，1998）为首的学者对企业声誉的研究得到了学术界的广泛认可，其认为“企业声誉是企业过去行为的表征，可以用于反映企业在利益相关者关系、竞争环境以及制度环境中的位置”。时至今日，企业声誉仍然被认为是一个相对比较复杂的概念，其被认为是所有利益相关者对企业认识情况的加总（Williams，2000；Gots et al.，2001），并且已经成为企业的重要战略资源（Roberts and Dowling，2002；何美贤和罗建河，2016）。从企业声誉角度看，国有企业境外上市之所以能够对资本错配问题起到一定纠正作用的原因包括三个方面。

第一，从企业声誉的形成机制来看，企业声誉源自企业生产经营的历史积累，但是却能够对企业未来的生产经营产生重大影响（Milgrom and Robert，1982；Fombrun and Shanley，1990）。一般情况下，现阶段优质的企业声誉积累会对企业未来的收益产生正向促进作用，促使企业获得更高的产出水平，产生较强的国际竞争力。该机制使得具有长远利益考量的企业会格外重视建立和维护企业声誉。中国国有企业到境外发达资本市场上市这一过程无论是从主观上看还是从客观上讲都有助于企业不断完善声誉建设。从主观角度看，境外上市国有企业为追求长远利益会充分重视积累声誉；从客观角度看，境外发达资本市场对企业信息披露质量具有较高要求，该标准会促使境外上市国有企业充分重视其信息披露的质量和水平，进一步促使境外上市国有企业的经营管理者提高对企业声誉的重视程度。显然，该过程会促进国有企业提高资本配置效率，纠正资本错配现象。

第二，从理论角度看，国有企业境外上市之所以可以起到纠正资本错配的效果可以从“声誉信息理论”和“声誉激励理论”中得到解释。其中，威尔逊和克雷普斯（Wilson and Kreps，1982）提出的“声誉信息理论”认为，声誉信息广泛传播有助于提高市场效率；“声誉激励理论”则从声誉可以有效替代契约成为促进效率提升的重要机制选择（Holmstrom，1999）。一方面，从企业声誉传播角度看，国有企业境外上市的过程使得企业利益相关者由国内扩大至国外，国有企业监督对象范围扩大，企业声誉信息得以在更大范围传播，该过程使得利益相关者对企业的监督更加立体化，促进市场效率提升，进一步使得信息不对称问题得到有效解决，这也会同步使得国有企业资本错配问题得以纠正；另一方面，从声誉约束机制来看，与司法体系相比，声誉对国有企业的约束是一种企业的自发行为，只要企业具有追求利润最大化的动机，其就必然会充分重视声誉建设。更进一步讲，只要企业重视声誉建设，就一定会不断自发地规范其经营过程中的行为，以达到建立和维持自身声誉的目的。规范化的经营模式显然有助于国有企业提高自身效率，资本配置效率便会因此得以提升。而这一过程在国有企业境外上市过程中尤为明显，由此使得国有企业境外上市会起到纠正资本错配的效果。

第三，国有企业境外上市在一定程度上加深了境内公众对国有企业的立体了解。中国国有企业尽管已历经数十年改革，但其存在的诸多问题始终未能从根本上得到有效解决，由此使得中国境内公众对国有企业认识具有较大的片面性，换言之社会公众对国有企业认识的片面性直接影响了境内投资者对国有企业的价值判断。而国有企业到境外发达的资本市场上市，接受上市地国家资本市场的监督，会在一定程度上改变公众对国有企业的片面认识。该过程有助于国有企业塑造良好声誉，提升其国际知名度，利益相关者也会实现对国有企业的全方位了解。由此使得，国有企业竞争力会因企业声誉提升而进一步提高，在二者的互动中，国有企业的资本错配问题得以纠正。

二、消费者偏好

消费者偏好也是影响企业资本配置的另一关键因素，消费者在评价或选择企业产品时一般会关注产品质量、服务水平、品牌、企业的经济实力、市场地位等多个方面，国有企业境外上市之所以会起到纠正资本错配的效果可以从消费者偏好的变化得到解释，具体原因包括三点。

第一，国有企业境外上市的竞争效应。在经济学理论中，完全竞争市场被认为是最具有效率的市场，因为在完全竞争市场环境下，企业为了避免在竞争中淘汰会不断提高产品质量，提升自身竞争力。国有企业到境外上市便天然与境外本土企业形成竞争关系。在该市场环境下，国有企业为了避免损失前期上市的沉没成本，同时也为了在境外市场存活下来，便会不断地提高产品质量，培育自身竞争力，以不断满足境外市场的消费者需求。该过程显然会促进国有企业资本配置与国际竞争力同步提升。换言之，国有企业资本配置效率会受到消费者偏好的影响，境外上市国有企业需要针对境外消费者的偏好变化及时对其产品进行调整。

第二，满足境外消费者多样化的产品需求。随着经济全球化进程深入推进，国际生产分工格局日益精细，消费者对多样化产品的需求也日益增强，这种需求已经不仅仅局限于产品本身，附加的企业服务水平也日益成为消费者选择时重点考量的因素。这也对境外上市国有企业生产提出了更高要求，境外上市国有企业在生产过程中不仅要满足消费者多样化的产品需求，还需要提供配套的高质量服务。显然，境外上市国有企业会在不断满足境外消费者需求的过程中同步提升服务水平，这一过程对于境外上市国有企业塑造品牌形象具有显著影响。消费者对国有企业的关注程度也会因此而逐步增强。这些对于纠正国有企业资本错配问题具有积极作用。

第三，国有企业境外上市的信号传导作用。相较于境内上市国有企业而言，在境外上市的国有企业多为实力雄厚、具有一定影响力的企业，国有企业境外上市这一过程本身即为向境外消费者传递积极信号的过程，该过程会促进消费者对境外上市国有企业产生主观心理预期。根据微观经济学消费者偏好理论，消费者对产品主观心理预期提升会促进其对产品的关注程度和依赖程度提升。这一过程即为消费者偏好满足的过程，也会同步促进境外上市国有企业提高声誉。这将有助于实现国有企业高效运营与资本配置效率提升的良性互动，切实对资本错配问题进行纠正。

综上所述，国有企业境外上市有助于提升境内与境外消费者对企业产品的依赖度和忠诚度，该机制使得企业利润增加，资金实现高效运转，资本错配现象因此得到有效纠正。

第四节　本章小结

本章从宏观因素、微观因素、其他原因三个维度对国有企业境外上市纠正资本错配的原因进行了分析。

国有企业境外上市纠正资本错配的宏观原因主要包括三方面。（1）制度因素：由于中国资本市场起步阶段较晚，直接导致资本市场制度体系不健全，而这些又引致了中国境内上市国有企业信息披露质量偏低，使得信息不对称问题产生。通过到境外相对发达的证券市场上市，国有企业会借力境外证券市场完善的制度体系和严格的上市准则，提高自身信息披露质量，缓解信息不对称问题，从而对提高资本配置效率产生积极影响。（2）证券市场发展程度：中国国有企业境外上市聚集地——中国香港和美国，其证券市场发展程度均明显高于中国境内，两地证券市场百年以上的发展历史造就了其完备的制度体系，使得国有企业在该地上市能够纠正资本错配问题。（3）利率市场化程度：相较于境外资本市场，中国利率市场化程度明显滞后，较低的利率市场化程度会诱发境内国有企业产生资本错配问题。在境外市场中，较高的利率市场化程度能够有效遏制该问题，起到纠正资本错配的效果。

从微观角度看，国有企业境外上市之所以能够对资本错配问题进行纠正在于公司治理水平提升。具体原因主要包括：（1）股权集中度：国有企业境外上市能够促进企业股权集中度降低，达到分散股权、分散国有企业特定风险的效果；（2）董事会与监事会构成：境外上市国有企业的董事会规模、独立董事规模和监事会规模均高于境内上市国有企业，从公司治理角度看，境外上市国有企业的董事会、监事会和经理层的监督约束机制更健全；（3）经理层的监督约束机制：境外证券市场相对完善的经理人市场更能够有效解决国有企业委托人与代理人之间存在的“委托代理冲突”；（4）信息披露质量：相较于境内上市国有企业，境外上市国有企业的审计业务多由国际社会公认的四大会计师事务所审计，即境外上市国有企业的信息披露质量相对更高；（5）高管激励标准：境外上市国有企业监管层前三名薪酬总额、董事前三名薪酬总额和高管前三名薪酬总额均明显高于境内上市国有企业，较高的高管激励标准更有助于激发经营管理者热情，在一定程度上避免经营管理者的短期行为。

更进一步讲，国有企业境外上市能够促进企业声誉提升，实现企业声誉与企业竞争力的良性互动，在该过程中，境外上市国有企业资本配置效率得以提升；从消费者偏好角度看，国有企业在境外上市的过程中需要不断满足多样化的消费者偏好，在这一过程中境外上市国有企业不断向消费者传递积极信号，更进一步促进国有企业提高竞争力，进而达到纠正资本错配的效果。

第五章 国有企业境外上市的资本错配纠正效应分析

第四章中从制度因素、证券市场发展程度、利率市场化程度、股权集中度、董事会和监事会构成、经理层监督约束机制、信息披露质量、高管激励标准、企业声誉、消费者偏好等方面探讨了国有企业境外上市纠正资本错配的原因。在此基础上，本章从实证角度分析国有企业境外上市的资本错配纠正效应。在具体分析过程中，从境外上市与境内上市、H股上市与A股上市、H+N股上市与A股上市、H股上市与H+N股上市四个维度展开。为保证研究结果的科学性，进一步通过内生性检验、异常值检验等常用的稳健性检验方法对实证结果做进一步检验。

第一节　模型设计

一、模型构建

本章重点研究国有企业境外上市的资本错配纠正效应，即国有企业到境外上市这一行为是否会起到纠正资本错配的效果。根据研究内容，本书构建计量模型：

$$\ln\tau_{it} = \beta_0 + \beta_1 list_{it} + \beta\Gamma_{it} + \mu_i + v_t + \varepsilon_{it} \tag{5-1}$$

式（5-1）中，$\ln\tau_{it}$为国有企业资本错配程度的对数值，$list_{it}$为虚拟变量，Γ_{it}为控制变量，μ_i为个体固定效应，v_t为时间固定效应，ε_{it}表示随机扰动项，i表示本书涉及的国有企业，t=2008，2009，…，2018。

二、数据与指标的说明

为消除由于量纲不同带来的影响，文中所涉及的变量除比值型变量和二值变量外，均为经过对数化处理后的结果，本章所涉及的数据若无特殊说明均来自国泰安数据库。

（一）被解释变量（$\ln\tau_{it}$）

被解释变量为资本错配指数的对数值，数据由前文测算得到，资本错配程度取值越大表示资本错配程度越高。

（二）核心解释变量（$list_{it}$）

本书重点分析国有企业境外上市的资本错配纠正效应，为进一步明晰不同上市地点资本错配纠正效应差异，依据第三章国有企业境外上市纠正资本错配的特征事实本章从四个维度展开分析。

1. 境外上市与境内上市的对比分析

即从全样本角度分析国有企业境外上市的资本错配纠正效应，当国有企业在境外上市时核心解释变量 $list_{it}=1$，反之当国有企业在境内上市时 $list_{it}=0$。

2. H 股上市与 A 股上市的对比分析

将实验组与对照组 H 股上市与 A 股上市的国有企业作为研究对象，分析国有企业到 H 股上市的资本错配纠正效应，即若国有企业到 H 股上市，记核心解释变量 $list_{it}=1$，在 A 股上市则记 $list_{it}=0$。

3. H+N 股上市与 A 股上市的对比分析

以 H+N 股上市与 A 股上市的国有企业为样本，分析国有企业境外交叉上市（H+N 股）的资本错配纠正效应，当国有企业在境外交叉上市时记核心解释变量 $list_{it}=1$，在 A 股上市时 $list_{it}=0$。

4. H 股上市与 H+N 股上市的对比分析

即以境外上市国有企业为研究对象，分析国有企业在境外单独上市（H 股）与交叉上市（H+N 股）的差异，若国有企业在境外交叉上市则 $list_{it}=1$，单独上市则有 $list_{it}=0$。

（三）控制变量

根据国内外学者的相关研究，本书依次对国有企业的企业规模、上市年限、经营风险、企业绩效和成长能力进行控制，变量的说明如下。

1. 企业规模（$lnsize_{it}$）

企业年末总资产的对数值常用于表征企业规模大小（杜莹和刘立国，2002；李晓良和韩丹，2012；李培馨，2014；孔宁宁和闫希，2009；徐伟等，2018；叶陈刚等，2016；吴秋生和王少华，2018；孙光国和孙瑞琦，2018），企业资产规模越大相应地表明企业规模越大，本书用该指标对企业规模进行控制。

2. 上市年限（$lnage_{it}$）

参照李培馨（2014）等人的研究，对国有企业上市年限进行控制。

3. 经营风险（$risk_{it}$）

一个企业总负债与总资产的比值经常作为企业财务杠杆的衡量指标（李培馨，2014；李晓良和韩丹，2012；徐伟等，2018），企业的财务杠杆比率越高即企业的资产负债率也相应越高，说明企业的经营风险越高，本书用财务杠杆对企业的经营风险进行控制。

4. 企业绩效（roa_{it}）

叶陈刚和裘丽等（2016）、李晓良和韩丹（2012）、杜莹和刘立国（2002）用企业净利润与总资产的比值即会计利润率（盈利能力）用来表征企业的绩效。本书也用该指标对企业的绩效进行控制。

5. 成长能力（gro_{it}）

净利润增长率和销售收入增长率经常作为企业成长能力（发展能力）的度量指标（李晓良和韩丹，2012；杜莹和刘立国，2002；叶陈刚和裘丽等，2016），本书用前者对企业的成长能力进行控制，即用净利润变动与上年净利润的比例衡量企业的成长能力。

6. 年度（v_t）和个体（μ_i）

作为虚拟变量来控制年度经济状况和个体特征的影响。上述变量的主要描述性统计如表 5－1 所示。

表 5－1　主要变量的描述性统计

组别	变量	观测值	均值	标准差	最小值	最大值
境外上市与境内上市	lnτ	1240	－0.39	0.55	－5.04	0.88
	list	1254	0.50	0.50	0	1
	lnsize	1240	5.33	2.19	－1.90	12.53

续表

组别	变量	观测值	均值	标准差	最小值	最大值
境外上市与境内上市	lnage	1254	2.52	0.57	0	3.30
	risk	1240	0.58	0.27	0.10	6.28
	roa	1240	0.03	0.08	-1.50	0.38
	gro	1237	-1.21	18.70	-569.27	90.16
H股上市与A股上市	lnτ	1025	-0.41	0.57	-5.04	0.88
	list	1034	0.50	0.50	0	1
	lnsize	1025	5.20	2.14	-1.90	12.53
	lnage	1034	2.50	0.59	0	3.30
	risk	1025	0.59	0.28	0.10	6.28
	roa	1025	0.03	0.08	-1.50	0.38
	gro	1021	-1.37	20.32	-569.27	90.16
H+N股上市与A股上市	lnτ	215	-0.32	0.43	-3.31	0.16
	list	220	0.50	0.50	0	1
	lnsize	215	5.99	2.31	1.83	10.39
	lnage	220	2.60	0.47	0	3.22
	risk	215	0.55	0.20	0.12	1.15
	roa	215	0.03	0.06	-0.43	0.20
	gro	216	-0.45	7.10	-80.83	29.46
H股上市与H+N股上市	lnτ	618	-0.45	0.67	-5.04	0.88
	list	627	0.18	0.38	0	1
	lnsize	618	6.61	2.03	2.36	12.53
	lnage	627	2.52	0.57	0	3.30
	risk	618	0.60	0.20	0.10	1.22
	roa	618	0.03	0.05	-0.22	0.20
	gro	614	-1.83	24.53	-569.27	14.41

资料来源：Stata统计输出。

三、研究方法的选择

本书研究样本为面板数据，在实践中固定效应模型估计方法经常用于估计面板数据模型。在具体估计过程中，固定效应模型将虚拟变量（非时变变量）视为不随时间变化的变量而固定起来，而无法估计其具体效应。在实践中，LSDV 方法与固定效应估计方法等价，且在虚拟变量问题的处理上较之固定效应估计更优。基于此，本书采用 LSDV 方法对式（5－1）进行估计，据此分析国有企业境外上市的资本错配纠正效应。

第二节 资本错配纠正效应分析

本节重点对国有企业境外上市的资本错配纠正效应进行分析，首先从全样本（境外上市与境内上市）角度分析国有企业境外上市的资本错配纠正效应；在此基础上，进一步从 H 股上市与 A 股上市、H＋N 股上市与 A 股上市、H 股上市与 H＋N 股上市分析不同境外上市地点以及境外交叉上市的资本错配纠正效应。

一、境外上市与境内上市的对比分析

前述理论分析与定性分析均表明，国有企业境外能够在一定程度上促进资本配置效率提升，起到纠正资本错配的效果。本部分从全样本角度，对式（5－1）进行回归，分析国有企业境外上市的资本错配纠正效应，回归结果如表 5－2 所示。

表 5－2　境外上市与境内上市的回归结果

变量	模型（1）	模型（2）	模型（3）	模型（4）	模型（5）	模型（6）	模型（7）
list	－0.3176*** (0.0963)	－0.3302*** (0.0942)	－0.3251*** (0.0966)	－0.3405*** (0.0947)	－0.3471*** (0.0981)	－0.3346*** (0.0946)	－0.3407*** (0.0978)
lnsize	0.0778*** (0.0162)	0.0825*** (0.0171)	0.0831*** (0.0159)	0.0890*** (0.0166)	0.0943*** (0.0190)	0.0876*** (0.0163)	0.0928*** (0.0187)

续表

变量	模型（1）	模型（2）	模型（3）	模型（4）	模型（5）	模型（6）	模型（7）
lnage	—	0.0437 (0.0724)	—	0.0516 (0.0718)	0.0531 (0.0713)	0.0497 (0.0706)	0.0510 (0.0701)
risk	—	—	-0.1490 (0.0902)	-0.1566* (0.0895)	-0.2446 (0.1596)	-0.1571* (0.0894)	-0.2439 (0.1606)
roa	—	—	—	—	-0.4286 (0.5035)	—	-0.4245 (0.5080)
gro	—	—	—	—	—	0.0002 (0.0006)	0.0003 (0.0005)
_cons	-0.6231*** (0.0678)	-0.7255*** (0.1700)	-0.5622*** (0.0719)	-0.6800*** (0.1735)	-0.6441*** (0.1770)	-0.6731*** (0.1695)	-0.6371*** (0.1736)
个体	控制	控制	控制	控制	控制	控制	控制
年份	控制	控制	控制	控制	控制	控制	控制
观测值	1240	1240	1240	1240	1240	1235	1235
Prob > F	0.0000	0.0000	0.0000	0.0000	0.0000	0.0000	0.0000
R^2	0.0833	0.0846	0.0882	0.0898	0.0918	0.0881	0.0900
Root MSE	0.5297	0.5296	0.5285	0.5283	0.5279	0.5274	0.5271

注：*、**、***分别表示在10%、5%、1%的显著性水平下通过检验，括号内数值为稳健标准误。

资料来源：Stata 统计输出。

从表5-2的回归结果看，模型中核心解释变量国有企业是否在境外上市（list）在1%的显著性水平下均通过检验，且其与资本错配程度呈负向关系，由此表明国有企业境外上市能够起到纠正资本错配的效果。模型（1）~模型（7）依次为引入控制变量企业规模（lnsize）、上市年限（lnage）、经营风险（risk）、企业绩效（roa）、成长能力（gro）的回归结果，核心解释变量（list）的显著性及其系数符号均未发生显著变化，在一定程度上表明国有企业境外上市的资本错配纠正效果稳健。此外，控制变量中企业规模（lnsize）在1%的显著性水平下也均通过检验，且其符号为正，即国有企业规模扩大不利于资本错配现象的纠正。

二、H股上市与A股上市的对比分析

为探讨国有企业在香港上市（H股）的资本错配纠正效应，本部分以实验组中在H股上市的国有企业及对照组中相应的A股上市国有企业为样本，对式（5-1）进行估计，回归结果如表5-3所示。

表5-3　　H股上市与A股上市的回归结果

变量	模型（1）	模型（2）	模型（3）	模型（4）	模型（5）	模型（6）	模型（7）
list	-0.3115*** (0.1046)	-0.3254*** (0.1009)	-0.3173*** (0.1051)	-0.3338*** (0.1014)	-0.3355*** (0.1054)	-0.3271*** (0.1014)	-0.3286*** (0.1053)
lnsize	0.0765*** (0.0179)	0.0830*** (0.0187)	0.0804*** (0.0180)	0.0881*** (0.0186)	0.0898*** (0.0220)	0.0866*** (0.0182)	0.0881*** (0.0216)
lnage	—	0.0568 (0.0802)	—	0.0642 (0.0798)	0.0651 (0.0799)	0.0627 (0.0785)	0.0635 (0.0786)
risk	—	—	-0.1016 (0.0963)	-0.1135 (0.0940)	-0.1373 (0.1750)	-0.1131 (0.0941)	-0.1352 (0.1761)
roa	—	—	—	—	-0.1116 (0.5687)	—	-0.1037 (0.5736)
gro	—	—	—	—	—	0.0004 (0.0005)	0.0004 (0.0005)
_cons	-0.6259*** (0.0723)	-0.7586*** (0.1821)	-0.5842*** (0.0742)	-0.7293*** (0.1837)	-0.7212*** (0.1873)	-0.7236*** (0.1792)	-0.7159*** (0.1834)
个体	控制	控制	控制	控制	控制	控制	控制
年份	控制	控制	控制	控制	控制	控制	控制
观测值	1025	1025	1025	1025	1025	1020	1020
Prob > F	0.0000	0.0002	0.0002	0.0001	0.0001	0.0000	0.0000
R^2	0.0782	0.0802	0.0805	0.0830	0.0831	0.0812	0.0813
Root MSE	0.5520	0.5517	0.5516	0.5511	0.5514	0.5502	0.5505

注：*、**、***分别表示在10%、5%、1%的显著性水平下通过检验，括号内数值为稳健标准误。

资料来源：Stata统计输出。

表5-3模型（1）至模型（7）中核心解释变量国有企业是否在香港上市（list）与控制变量企业规模（lnsize）在1%的显著性水平下均通过检验，其中核心解释变量（list）符号为负，控制变量（lnsize）为正，即国有企业到香港证券市场上市能够起到纠正资本错配的效果；另一方面企业规模扩大不利于资本配置效率提升。

三、H+N股上市与A股上市的对比分析

为进一步分析国有企业境外交叉上市的资本错配纠正效应，本部分以实验组中在H+N股交叉上市的国有企业及与之对应的对照组中的国有企业为研究对象，对式（5-1）进行回归，得到表5-4中的回归结果。

表5-4　H+N股上市与A股上市的回归结果

变量	模型（1）	模型（2）	模型（3）	模型（4）	模型（5）	模型（6）	模型（7）
list	-0.3441 (0.2419)	-0.2668 (0.2613)	-0.3690 (0.2389)	-0.2966 (0.2602)	-0.3167 (0.2532)	-0.3082 (0.2600)	-0.3177 (0.2525)
lnsize	0.0805* (0.0390)	0.0633 (0.0415)	0.1018** (0.0451)	0.0855* (0.0468)	0.0919* (0.0473)	0.0878* (0.0472)	0.0920* (0.0473)
lnage	—	-0.0990 (0.1181)	—	-0.0926 (0.1487)	-0.1169 (0.1398)	-0.0947 (0.1510)	-0.1167 (0.1403)
risk	—	—	-0.5801 (0.4071)	-0.5776 (0.4064)	-0.8403* (0.4674)	-0.5755 (0.4130)	-0.8358* (0.4741)
roa	—	—	—	—	-1.8040*** (0.5788)	—	-1.7745*** (0.6107)
gro	—	—	—	—	—	-0.0056** (0.0023)	-0.0007 (0.0019)
_cons	-0.6002*** (0.1799)	-0.3362 (0.3061)	-0.3904* (0.1888)	-0.1444 (0.4154)	0.0526 (0.4245)	-0.1572 (0.4189)	0.0479 (0.4260)
个体	控制	控制	控制	控制	控制	控制	控制
年份	控制	控制	控制	控制	控制	控制	控制
观测值	215	215	215	215	215	215	215

续表

变量	模型（1）	模型（2）	模型（3）	模型（4）	模型（5）	模型（6）	模型（7）
Prob > F	0.0001	0.0001	0.0000	0.0000	0.0000	0.0000	0.0000
R^2	0.1096	0.1143	0.1751	0.1792	0.2312	0.1870	0.2313
Root MSE	0.4186	0.4186	0.4039	0.40395	0.3919	0.4030	0.3929

注：*、**、*** 分别表示在10%、5%、1%的显著性水平下通过检验，括号内数值为稳健标准误。

资料来源：Stata 统计输出。

从表5-4的回归结果看，核心解释变量国有企业是否在境外交叉上市（list）未通过检验，即与在A股上市的国有企业相比，在中国香港与美国交叉上市不能起到纠正国有企业资本错配的效果。从控制变量看，企业规模（lnsize）在10%的显著性水平下基本通过检验，且其与国有企业资本错配程度正相关，同样表明国有企业规模扩大对纠正资本错配具有不利影响；此外，模型（5）和模型（7）中企业绩效（roa）变量在1%的显著性水平下通过检验，其与被解释变量负相关，说明国有企业绩效提高可以起到纠正资本错配的效果。

四、H股上市与H+N股上市的对比分析

为反映在香港单独上市及在中国香港和美国交叉上市国有企业的资本错配纠正效应差异，以实验组全部国有企业为研究样本对式（5-1）进行回归，回归结果如表5-5所示。

表5-5　　II股上市与H+N股上市的回归结果

变量	模型（1）	模型（2）	模型（3）	模型（4）	模型（5）	模型（6）	模型（7）
list	0.0091 (0.1516)	-0.0052 (0.1621)	-0.0440 (0.1458)	-0.0709 (0.1573)	-0.1065 (0.1561)	-0.0697 (0.1569)	-0.1041 (0.1558)
lnsize	0.0847*** (0.0216)	0.0901*** (0.0289)	0.1189*** (0.0268)	0.1294*** (0.0319)	0.1442*** (0.0344)	0.1278*** (0.0318)	0.1411*** (0.0340)
lnage	—	0.0405 (0.1451)	—	0.0722 (0.1442)	0.0810 (0.1417)	0.0645 (0.1425)	0.0715 (0.1402)

续表

变量	模型（1）	模型（2）	模型（3）	模型（4）	模型（5）	模型（6）	模型（7）
risk	—	—	-0.6606* (0.3333)	-0.6770** (0.3300)	-0.9613** (0.3712)	-0.6899** (0.3373)	-0.9698** (0.3766)
roa	—	—	—	—	-1.9692* (1.0361)	—	-2.0150* (1.0557)
gro	—	—	—	—	—	-0.0002 (0.0008)	0.0005 (0.0005)
_cons	-1.0331*** (0.1775)	-1.1445*** (0.3850)	-0.8491*** (0.1792)	-1.0428** (0.3916)	-0.9226** (0.3826)	-1.0137** (0.3808)	-0.8818** (0.3754)
个体	控制	控制	控制	控制	控制	控制	控制
年份	控制	控制	控制	控制	控制	控制	控制
观测值	618	618	618	618	618	613	613
Prob > F	0.0013	0.0019	0.0002	0.0002	0.0013	0.0000	0.0000
R^2	0.0757	0.0762	0.1047	0.1064	0.1200	0.1056	0.1192
Root MSE	0.6551	0.6554	0.6452	0.6452	0.6408	0.6447	0.6403

注：*、**、***分别表示在10%、5%、1%的显著性水平下通过检验，括号内数值为稳健标准误。

资料来源：Stata统计输出。

表5-5中，模型（1）至模型（7）中核心解释变量（list）均未通过显著性检验，即在境外上市国有企业中，交叉上市不能够对国有企业资本错配问题进行有效纠正。控制变量企业规模（lnsize）、经营风险（risk）和企业绩效（roa）分别在1%、10%和10%的显著性水平下通过检验，其中企业规模（lnsize）系数符号为正，后两者为负，表明国有企业规模扩大不利于纠正资本错配；经营风险（risk）及企业绩效（roa）提升均会对纠正国有企业资本错配产生积极影响。

五、实证结果分析

（一）境外上市行为对资本错配程度的影响

上述实证研究结果表明：从整体视角看，国有企业境外上市能够起到纠正资本错配的效果；具体到不同境外上市地点看，国有企业选择到香港证券市场上市的资本错配纠正效应显著，而在中国香港和美国证券市场交叉上市的资本错配纠正效应并不明显；更进一步看，在境外上市国有企业中，交叉上市的资本错配纠正效应也未通过显著性检验。

国有企业在香港上市具有明显的资本错配纠正效应，究其原因在于：（1）香港证券市场的信息披露标准要明显高于中国境内，高质量的信息披露能够有效地解决信息不对称问题，达到提高资本配置效率的效果；（2）香港证券市场发展程度和利率市场化程度也均高于中国内地，高效的证券市场和健全的利率市场能够确保不同所有制企业公平竞争，更有助于国有企业践行“竞争中性原则”，由此为纠正资本错配提供了重要的外部条件；（3）国有企业在香港上市能够明显地起到纠正资本错配的效果，其关键原因在于，中国内地与香港地区具有天然合作优势。早在香港未回归时，香港联合交易所的《上市规则》就已经针对中国国有企业在香港上市的新情况进行了弹性调整，比如1994年11月11日生效的《上市规则》中第19A章，即为香港证券市场为适应我国公司法、《国务院关于股份有限公司境外募集股份及上市的特殊规定》《到境外上市公司章程必备条款》而做的具体修订（贾东焰，1997），该举措能够有效降低国有企业在香港上市过程中的调整成本，缩短国有企业生产经营过程的适应期，显然这对于提高资本配置效率具有积极影响；中国内地与香港地区固有的血脉联系，加之双方密切的政治、经济、文化往来，客观上使得中国国有企业熟知香港证券市场规则，香港证券市场也了解国有企业的具体情况，这些为在香港地区上市的国有企业提供了便利，有助于国有企业在香港地区顺利地进行生产、运营，该过程使得资本错配问题得以纠正。

另一方面，无论是与境内上市相比还是与香港上市相比，交叉上市对于纠正国有企业资本错配的效果均不显著。其中一个重要的原因可能是，目前美国证券市场中起主导作用的《2002年萨班斯—奥克斯利法案》极其复杂，且其在规范上市公司行为及其内部治理模式的过程中，要求颇为严苛（肖宇，2014），该法案要求在美国证券市场上市的企业严格依据美国证券市场的标准对公司治理、信息披露、财务报告等进行修改，换言之该法案要求在美国上市的企业遵循“美国标准”。从成本收益角度看，该过程使得在美国上市的企业需要付出较高的“遵循成本”，其中肖宇（2014）指出，在《2002年萨班斯—奥克斯利法案》的约束下，导致境外企业在美上市成本增加了35%；加之受中国证券市场发展滞后的影响，中国国有企业在公司治理、信息披露、财务报告等方面的标准与“美国标准”的差距可能更大，这必然会使得国有企业到美国上市需要支付更高的遵循成本。显然这有悖于国有企业境外上市的动机，基于对“利润最大化”目标考虑的国有企业则会另择上市地点。显然，过高的遵循成本会直接影响资本配置效率，由此使得无论是与中国境内上市国有企业相比还是与香港上市国有企业相比，在美国和中国香港交叉上市的资本错配纠正效应均不明显。此外，另一个不可忽视的原因即为，与美国证券市场相比，香港证券市场丝毫不逊色，甚至在某些方面比美国更佳，从第四章中国香港和美国证券化率指标可以反映出，香港证券市场发展程度显著高于美国，其2000～2017年均值分别为833.47%和128.11%，由此使得国有企业在香港证券市场上市已经是一个相对最优的选择，在其影响下出现与香港证券市场上市国有企业相比，再次选择到美国交叉上市其资本错配纠正效果不明显。

（二）企业规模扩张对资本错配程度的影响

控制变量的回归结果显示，无论是从全样本角度看，还是具体到H股上市与A股上市、H+N股上市与A股上市、H股上市与H+N股上市的对比分析中，国有企业规模扩大均会对纠正资本错配产生不利影响，即国有企业规模扩大会进一步加重资本错配现象。究其原因在于，目前中国国有企业已经存在规模偏大问题，需要进行改革和调整，加之国有企业的产能过剩问题已经相对突出，尽管国有企业改革一直在不断前进，但该问题尚未得到充分解决。此外，该现象出现可以从中国国有企业规模偏大的形成原因中得到解释。其一，从“过度竞争”角度看，长期以来国有企业承载着诸多社会职能，致使国有企业具有特殊性。受此影响，“利润最大化法则”在多数国有企业中并不适用，直接诱发了国有企业“过度竞争”行为，其规模不断扩大，形成产能过剩格局（江飞涛等，2012）。其二，中国利率市场化程度相对滞后，国有企业通常可以得到银行的优惠信贷支持，该支持直接造成国有企业预算约束软化（贺京同和何蕾，2016），廉价的信贷资金供给使得国有企业进行“不计成本”的扩张，产生了大量低水平的重复建设。其三，长期以来国有企业内部控制和激励相容机制并不健全，为企业经营管理者谋求自身利益最大化提供了空间，国有企业经营管理者利用职务之便套用国家的廉价信贷资金，盲目扩大企业规模，造成时下国有企业规模过大的事实（江小涓，1995）。其四，长期以来国有企业的特殊性，其需要承担多重社会职能，包括吸收就业、稳定社会等。这也在客观上使得国有企业不得不扩张规模，以满足其承担社会职能的需要。长此以往国有企业规模扩张出现“棘轮效应”（贺京同和何蕾，2016）。此外，从宏观经济形势角度看，2008年国际金融危机之后，国有企业在全球经济格局恶化的背景下，中国政府出于维稳经济的需要，相继出台了“四万亿投资计划”“十大产业振兴规划”，国有企业规模在政策刺激作用下进一步扩张。

综上所述，中国国有企业规模普遍偏大的现实状况直接导致了国有企业规模进一步扩张，会加重其资本错配问题。

（三）经营风险与绩效水平对资本错配程度的影响

企业经营风险与企业绩效对资本错配的影响存在差异，其中在境外上市与境内上市、H股上市与A股上市的国有企业中，企业经营风险与企业绩效对国有企业资本错配的影响并不明显；在H+N股上市与A股上市、H股上市与H+N股上市的国有企业中，表现为国有企业经营风险和企业绩效水平提升有助于纠正其资本错配现象。

前述分析表明，国有企业在美国上市需要支付的“遵循成本”相对较高，从成本与收益角度看，企业在经营过程中，经营风险与收益呈正相关关系，即较高的经营风险对应较高的收益，交叉上市国有企业需要通过获取较高的收益来实现其利润最大化目标，该逻辑使得经营风险提升能够在一定程度上起到纠正资本错配的效果。另一方面，绩效水平提高综合表征为企业经营水平、内部控制、信息披露等方面的综合水平提升，即企业绩效水平提升能够对资本错配进行纠正存在合理性。

第三节　稳健性检验

本节基于对内生性问题和极端值影响的考虑，从稳健性角度对第二节中的实证研究结论做进一步检验。

一、内生性问题

在第二节资本错配纠正效应分析过程中，回归结果可能因存在内生性问题而导致估计结果存在偏误，为此参照李培馨（2014）等人的做法，将所有控制变量均做滞后一期处理，处理后的变量依次记作企业规模（L. lnsize）、上市年限（L. lnage）、经营风险（L. risk）企业绩效（L. roa）、成长能力（L. gro）。

与第二节中境外上市与境内上市、H股上市与A股上市、H+N股上市与

A 股上市、H 股上市与 H + N 股上市四个维度对应的国有企业境外上市的资本错配纠正效应稳健性检验结果分别如表 5 - 6 至表 5 - 9 所示。

表 5 - 6　境外上市与境内上市的回归结果（内生性检验）

变量	模型（1）	模型（2）	模型（3）	模型（4）	模型（5）	模型（6）	模型（7）
list	-0.3019*** (0.0966)	-0.3171*** (0.0950)	-0.3066*** (0.0969)	-0.3238*** (0.0955)	-0.3346*** (0.0982)	-0.3155*** (0.0954)	-0.3258*** (0.0979)
L. lnsize	0.0762*** (0.0164)	0.0819*** (0.0171)	0.0794*** (0.0160)	0.0859*** (0.0164)	0.0939*** (0.0188)	0.0840*** (0.0162)	0.0919*** (0.0185)
L. lnage	—	0.0502 (0.0707)	—	0.0552 (0.0703)	0.0582 (0.0695)	0.0544 (0.0691)	0.0572 (0.0683)
L. risk	—	—	-0.0943 (0.0946)	-0.1024 (0.0954)	-0.2327* (0.1353)	-0.1024 (0.0951)	-0.2337* (0.1366)
L. roa	—	—	—	—	-0.6498 (0.4074)	—	-0.6584 (0.4064)
L. gro	—	—	—	—	—	0.0004 (0.0003)	0.0006*** (0.0002)
_cons	-0.7305*** (0.0834)	-0.8488*** (0.1820)	-0.6913*** (0.0901)	-0.8182*** (0.1864)	-0.7665*** (0.1829)	-0.8143*** (0.1833)	-0.7609*** (0.1800)
个体	控制	控制	控制	控制	控制	控制	控制
年份	控制	控制	控制	控制	控制	控制	控制
观测值	1126	1126	1126	1126	1126	1121	1121
Prob > F	0.0000	0.0000	0.0000	0.0000	0.0000	0.0000	0.0000
R^2	0.0819	0.0837	0.0840	0.0861	0.0905	0.0844	0.0888
Root MSE	0.5208	0.5205	0.5205	0.5201	0.5191	0.5185	0.5175

注：*、**、*** 分别表示在 10%、5%、1% 的显著性水平下通过检验，括号内数值为稳健标准误。

资料来源：Stata 统计输出。

表5－6中回归结果显示：模型（1）至模型（7）中核心解释变量（list）在1%的显著性水平下均通过检验且符号为负，表明从全样本角度看国有企业境外上市这一行为能够产生纠正资本错配的效果，该结论与表5－2中回归结果一致；此外，控制变量中企业规模的一阶滞后变量（L. lnsize）在1%的水平下显著，符号为正，即国有企业规模扩大不利于纠正其资本错配现象，与前文的结论一致。

表5－7　　H股上市与A股上市的回归结果（内生性检验）

变量	模型（1）	模型（2）	模型（3）	模型（4）	模型（5）	模型（6）	模型（7）
list	－0. 2950 *** （0. 1051）	－0. 3122 *** （0. 1018）	－0. 2965 *** （0. 1054）	－0. 3152 *** （0. 1021）	－0. 3230 *** （0. 1053）	－0. 3062 *** （0. 1021）	－0. 3136 *** （0. 1051）
L. lnsize	0. 0750 *** （0. 0180）	0. 0829 *** （0. 0183）	0. 0760 *** （0. 0182）	0. 0847 *** （0. 0182）	0. 0917 *** （0. 0220）	0. 0825 *** （0. 0179）	0. 0894 *** （0. 0217）
L. lnage	—	0. 0669 （0. 0773）	—	0. 0694 （0. 0771）	0. 0739 （0. 0766）	0. 0692 （0. 0758）	0. 0735 （0. 0753）
L. risk	—	—	－0. 0273 （0. 0926）	－0. 0400 （0. 0914）	－0. 1410 （0. 1619）	－0. 0392 （0. 0914）	－0. 1398 （0. 1638）
L. roa	—	—	—	—	－0. 4798 （0. 4860）	—	－0. 4802 （0. 4855）
L. gro	—	—	—	—	—	0. 0005 * （0. 0003）	0. 0007 *** （0. 0002）
_cons	－0. 7194 *** （0. 0924）	－0. 8769 *** （0. 1993）	－0. 7080 *** （0. 0956）	－0. 8662 *** （0. 2013）	－0. 8325 *** （0. 1995）	－0. 8643 *** （0. 1980）	－0. 8299 *** （0. 1966）
个体	控制	控制	控制	控制	控制	控制	控制
年份	控制	控制	控制	控制	控制	控制	控制
观测值	931	931	931	931	931	926	926
Prob > F	0. 0005	0. 0002	0. 0008	0. 0002	0. 0004	0. 0000	0. 0000
R^2	0. 0767	0. 0798	0. 0769	0. 0802	0. 0824	0. 0785	0. 0807
Root MSE	0. 5404	0. 5398	0. 5407	0. 5400	0. 5397	0. 5383	0. 5379

注：*、**、*** 分别表示在10%、5%、1%的显著性水平下通过检验，括号内数值为稳健标准误。

资料来源：Stata 统计输出。

表5-7中实证研究结果显示，核心解释变量（list）在1%的显著性水平下均通过检验，其系数符号为负，即表明国有企业在H股上市有助于纠正其资本错配问题；另外，企业规模的一阶滞后变量（L. lnsize）在1%的显著性水平下也均具有统计显著性，即从H股上市与A股上市的对比分析看，国有企业规模扩大不利于其资本错配的纠正，研究结果与表5-3一致。

表5-8　　H+N股上市与A股上市的回归结果（内生性检验）

变量	模型（1）	模型（2）	模型（3）	模型（4）	模型（5）	模型（6）	模型（7）
list	-0.3365 (0.2436)	-0.2414 (0.2610)	-0.3613 (0.2391)	-0.2646 (0.2596)	-0.2891 (0.2532)	-0.2700 (0.2578)	-0.2882 (0.2534)
L. lnsize	0.0800** (0.0381)	0.0588 (0.0410)	0.1054** (0.0459)	0.0839* (0.0480)	0.0894* (0.0472)	0.0850* (0.0479)	0.0893* (0.0472)
L. lnage	—	-0.1165 (0.1145)	—	-0.1184 (0.1525)	-0.1231 (0.1470)	-0.1193 (0.1539)	-0.1230 (0.1468)
L. risk	—	—	-0.7453 (0.4781)	-0.7461 (0.4780)	-0.8823* (0.4846)	-0.7456 (0.4819)	-0.8904* (0.4931)
L. roa	—	—	—	—	-1.1419*** (0.3560)	—	-1.2077*** (0.3847)
L. gro	—	—	—	—	—	-0.0024 (0.0019)	0.0010 (0.0020)
_cons	-0.7745*** (0.2279)	-0.4613 (0.3156)	-0.4986** (0.1871)	-0.1798 (0.4166)	-0.0961 (0.4249)	-0.1856 (0.4182)	-0.0888 (0.4265)
个体	控制	控制	控制	控制	控制	控制	控制
年份	控制	控制	控制	控制	控制	控制	控制
观测值	195	195	195	195	195	195	195
Prob > F	0.0040	0.0025	0.0037	0.0014	0.0026	0.0002	0.0061
R^2	0.1078	0.1143	0.2104	0.2172	0.2331	0.2188	0.2333
Root MSE	0.4267	0.4263	0.4025	0.4019	0.3989	0.40256	0.3999

注：*、**、***分别表示在10%、5%、1%的显著性水平下通过检验，括号内数值为稳健标准误。

资料来源：Stata统计输出。

表 5 -9　　H 股上市与 H + N 股上市的回归结果（内生性检验）

变量	模型（1）	模型（2）	模型（3）	模型（4）	模型（5）	模型（6）	模型（7）
list	0. 0018 (0. 1513)	-0. 0181 (0. 1578)	-0. 0528 (0. 1463)	-0. 0869 (0. 1546)	-0. 1016 (0. 1504)	-0. 0860 (0. 1542)	-0. 0996 (0. 1499)
L. lnsize	0. 0840 *** (0. 0216)	0. 0915 *** (0. 0277)	0. 1208 *** (0. 0260)	0. 1341 *** (0. 0305)	0. 1398 *** (0. 0320)	0. 1318 *** (0. 0304)	0. 1366 *** (0. 0315)
L. lnage	—	0. 0535 (0. 1343)	—	0. 0873 (0. 1346)	0. 0903 (0. 1334)	0. 0821 (0. 1330)	0. 0841 (0. 1318)
L. risk	—	—	-0. 7060 ** (0. 3342)	-0. 7267 ** (0. 3324)	-0. 8432 ** (0. 3428)	-0. 7388 ** (0. 3398)	-0. 8498 ** (0. 3486)
L. roa	—	—	—	—	-0. 8596 (0. 9389)	—	-0. 8550 (0. 9640)
L. gro	—	—	—	—	—	-0. 0001 (0. 0005)	0. 0002 (0. 0004)
_cons	-1. 1112 *** (0. 1856)	-1. 2599 *** (0. 3960)	-0. 9163 *** (0. 1901)	-1. 1532 *** (0. 4011)	-1. 0989 *** (0. 3898)	-1. 1303 *** (0. 3933)	-1. 0722 *** (0. 3833)
个体	控制	控制	控制	控制	控制	控制	控制
年份	控制	控制	控制	控制	控制	控制	控制
观测值	561	561	561	561	561	556	556
Prob > F	0. 0009	0. 0013	0. 0001	0. 0000	0. 0002	0. 0000	0. 0000
R^2	0. 0782	0. 0793	0. 1136	0. 1163	0. 1190	0. 1151	0. 1177
Root MSE	0. 6369	0. 6372	0. 6252	0. 6248	0. 6244	0. 6233	0. 6230

注：*、**、*** 分别表示在 10%、5%、1% 的显著性水平下通过检验，括号内数值为稳健标准误。

资料来源：Stata 统计输出。

表 5 -8 和表 5 -9 中核心解释变量（list）均未通过统计显著性检验，分别表明：（1）与在 A 股上市相比，国有企业在 H + N 股交叉上市的资本错配纠正效果不明显；（2）在境外上市国有企业中，与 H 股上市相比，H + N 股交叉上市的资本错配纠正效应也不明显。此外，两表中企业规模一阶滞后变量

（L. lnsize）在10%的显著性水平下基本通过检验，表5－8中企业绩效一阶滞后变量（L. roa）和表5－9中经营风险一阶滞后变量（L. risk）分别在1%和5%的显著性水平下通过检验。

二、异常值的影响

在第二节资本错配纠正效应分析中，由于变量取值过高或过低可能会使估计结果产生偏误，为了避免回归结果受极端值影响，将主要变量作1%和99%的缩尾处理（Winsorizing），① 回归结果分别如表5－10至表5－13所示。

表5－10　　境外上市与境内上市的回归结果（异常值检验）

变量	模型（1）	模型（2）	模型（3）	模型（4）	模型（5）	模型（6）	模型（7）
list	－0.3134*** (0.0915)	－0.3271*** (0.0899)	－0.3239*** (0.0936)	－0.3421*** (0.0923)	－0.3502*** (0.0941)	－0.3407*** (0.0926)	－0.3451*** (0.0935)
lnsize	0.0790*** (0.0157)	0.0843*** (0.0168)	0.0862*** (0.0177)	0.0936*** (0.0185)	0.1008*** (0.0198)	0.0938*** (0.0185)	0.0995*** (0.0196)
lnage	—	0.0480 (0.0750)	—	0.0587 (0.0745)	0.0585 (0.0734)	0.0565 (0.0735)	0.0564 (0.0724)
risk	—	—	－0.1478 (0.1656)	－0.1684 (0.1642)	－0.2964 (0.1877)	－0.1806 (0.1656)	－0.2931 (0.1895)
roa	—	—	—	—	－0.8846* (0.4969)	—	－0.8342 (0.5366)
gro	—	—	—	—	—	－0.0047 (0.0036)	－0.0008 (0.0039)
_cons	－0.6113*** (0.0630)	－0.7265*** (0.1840)	－0.5588*** (0.0799)	－0.6923*** (0.1892)	－0.6263*** (0.1865)	－0.6872*** (0.1847)	－0.6228*** (0.1826)

① 通常情况下对变量进行（1%和99%）缩尾处理有两种做法：（1）找到各个变量1%和99%对应的分位数a和b，缩尾处理即将样本中小于a的数据替换成a，将大于b的数据替换为b；（2）将小于a和大于b的样本直接删除，不做替换。本书采用方法（1）对变量进行缩尾处理。

续表

变量	模型（1）	模型（2）	模型（3）	模型（4）	模型（5）	模型（6）	模型（7）
个体	控制	控制	控制	控制	控制	控制	控制
年份	控制	控制	控制	控制	控制	控制	控制
观测值	1240	1240	1240	1240	1240	1235	1235
Prob > F	0.0000	0.0000	0.0000	0.0000	0.0000	0.0000	0.0000
R^2	0.0947	0.0963	0.0974	0.0998	0.1056	0.0991	0.1035
Root MSE	0.4843	0.4840	0.4837	0.4833	0.4819	0.4818	0.4808

注：*、**、*** 分别表示在10%、5%、1%的显著性水平下通过检验，括号内数值为稳健标准误。

资料来源：Stata 统计输出。

表5-11　　H股上市与A股上市的回归结果（异常值检验）

变量	模型（1）	模型（2）	模型（3）	模型（4）	模型（5）	模型（6）	模型（7）
list	-0.3074 *** (0.0994)	-0.3225 *** (0.0962)	-0.3107 *** (0.1024)	-0.3298 *** (0.0994)	-0.3352 *** (0.1015)	-0.3265 *** (0.0999)	-0.3296 *** (0.1010)
lnsize	0.0781 *** (0.0172)	0.0851 *** (0.0182)	0.0803 *** (0.0212)	0.0898 *** (0.0225)	0.0962 *** (0.0245)	0.0897 *** (0.0226)	0.0948 *** (0.0243)
lnage	—	0.0622 (0.0824)	—	0.0682 (0.0831)	0.0707 (0.0825)	0.0671 (0.0820)	0.0692 (0.0814)
risk	—	—	-0.0417 (0.1973)	-0.0755 (0.1987)	-0.1723 (0.2305)	-0.0852 (0.2007)	-0.1696 (0.2331)
roa	—	—	—	—	-0.6306 (0.6121)	—	-0.5951 (0.6634)
gro	—	—	—	—	—	-0.0029 (0.0043)	-0.0002 (0.0046)
_cons	-0.6105 *** (0.0668)	-0.7594 *** (0.1986)	-0.5959 *** (0.0852)	-0.7476 *** (0.2010)	-0.7055 *** (0.1991)	-0.7435 *** (0.1963)	-0.7021 *** (0.1948)
个体	控制	控制	控制	控制	控制	控制	控制
年份	控制	控制	控制	控制	控制	控制	控制

续表

变量	模型（1）	模型（2）	模型（3）	模型（4）	模型（5）	模型（6）	模型（7）
观测值	1025	1025	1025	1025	1025	1020	1020
Prob > F	0.0003	0.0002	0.0005	0.0002	0.0006	0.0003	0.0007
R^2	0.0899	0.0926	0.0901	0.0932	0.0957	0.0914	0.0933
Root MSE	0.5024	0.5019	0.5026	0.5020	0.5015	0.5007	0.5004

注：*、**、*** 分别表示在10%、5%、1%的显著性水平下通过检验，括号内数值为稳健标准误。

资料来源：Stata 统计输出。

表5-10和表5-11的回归结果显示，模型（1）至模型（7）中核心解释变量（list）在1%的显著性水平下均通过检验，控制变量企业规模（lnsize）在1%的显著性水平下也均具有统计显著性。由此表明：（1）与境内上市相比，国有企业境外上市有助于资本错配现象的纠正；（2）与A股上市相比，国有企业在H股上市对于纠正资本错配具有积极影响；（3）国有企业规模扩大不利于纠正其资本错配问题。

表5-12　H+N股上市与A股上市的回归结果（异常值检验）

变量	模型（1）	模型（2）	模型（3）	模型（4）	模型（5）	模型（6）	模型（7）
list	-0.3192 (0.2210)	-0.2390 (0.2417)	-0.3412 (0.2191)	-0.2655 (0.2411)	-0.2929 (0.2361)	-0.2883 (0.2391)	-0.2973 (0.2342)
lnsize	0.0780* (0.0369)	0.0600 (0.0393)	0.0973** (0.0422)	0.0802* (0.0437)	0.0863* (0.0437)	0.0835* (0.0440)	0.0868* (0.0437)
lnage	—	-0.1047 (0.1278)	—	-0.0986 (0.1586)	-0.1204 (0.1475)	-0.0997 (0.1620)	-0.1193 (0.1490)
risk	—	—	-0.5313 (0.3783)	-0.5287 (0.3770)	-0.7553* (0.4088)	-0.5353 (0.3853)	-0.7427* (0.4108)
roa	—	—	—	—	-1.8223*** (0.5138)	—	-1.7065*** (0.5506)
gro	—	—	—	—	—	-0.0123** (0.0046)	-0.0033 (0.0041)

续表

变量	模型（1）	模型（2）	模型（3）	模型（4）	模型（5）	模型（6）	模型（7）
_cons	-0.5997 *** (0.1776)	-0.3172 (0.3267)	-0.4126 ** (0.1747)	-0.1474 (0.4399)	0.0259 (0.4323)	-0.1693 (0.4457)	0.0089 (0.4318)
个体	控制	控制	控制	控制	控制	控制	控制
年份	控制	控制	控制	控制	控制	控制	控制
观测值	215	215	215	215	215	215	215
Prob > F	0.0001	0.0001	0.0000	0.0000	0.0000	0.0000	0.0000
R^2	0.1193	0.1251	0.1852	0.1904	0.2458	0.2071	0.2468
Root MSE	0.3701	0.3698	0.3569	0.3566	0.3450	0.3538	0.3457

注：*、**、*** 分别表示在10%、5%、1%的显著性水平下通过检验，括号内数值为稳健标准误。

资料来源：Stata 统计输出。

表 5-13　　H 股上市与 H+N 股上市的回归结果（异常值检验）

变量	模型（1）	模型（2）	模型（3）	模型（4）	模型（5）	模型（6）	模型（7）
list	0.0026 (0.1498)	-0.0153 (0.1590)	-0.0479 (0.1458)	-0.0788 (0.1562)	-0.1141 (0.1547)	-0.0843 (0.1544)	-0.1121 (0.1546)
lnsize	0.0868 *** (0.0212)	0.0936 *** (0.0286)	0.1197 *** (0.0267)	0.1318 *** (0.0320)	0.1469 *** (0.0344)	0.1333 *** (0.0319)	0.1446 *** (0.0337)
lnage	—	0.0514 (0.1485)	—	0.0840 (0.1472)	0.0927 (0.1443)	0.0782 (0.1456)	0.0853 (0.1427)
risk	—	—	-0.6261 * (0.3329)	-0.6465 * (0.3295)	-0.9397 ** (0.3672)	-0.6793 ** (0.3342)	-0.9608 ** (0.3732)
roa	—	—	—	—	-2.0646 * (1.0685)	—	-2.2113 * (1.1822)
gro	—	—	—	—	—	-0.0071 (0.0053)	0.0031 (0.0056)
_cons	-1.0120 *** (0.1659)	-1.1547 *** (0.4104)	-0.8445 *** (0.1709)	-1.0724 ** (0.4139)	-0.9462 ** (0.4026)	-1.0622 ** (0.4039)	-0.8996 ** (0.3913)

续表

变量	模型（1）	模型（2）	模型（3）	模型（4）	模型（5）	模型（6）	模型（7）
个体	控制	控制	控制	控制	控制	控制	控制
年份	控制	控制	控制	控制	控制	控制	控制
观测值	618	618	618	618	618	613	613
Prob > F	0.0016	0.0022	0.0003	0.0002	0.0013	0.0008	0.0026
R^2	0.0842	0.0850	0.1117	0.1140	0.1291	0.1153	0.1281
Root MSE	0.6182	0.6184	0.6094	0.6091	0.6044	0.6074	0.6035

注：*、**、*** 分别表示在10%、5%、1%的显著性水平下通过检验，括号内数值为稳健标准误。

资料来源：Stata 统计输出。

表5-12和表5-13中，核心解释变量（list）均未通过显著性检验，企业规模变量（lnsize）在10%和1%的显著性水平下通过检验。此外，表5-12中企业绩效（roa）具有统计显著性，表5-13中的控制变量企业绩效（roa）和经营风险（risk）在10%的显著性水平下也均通过检验。结果显示：与A股上市及H股上市相比，国有企业在H+N股交叉上市的资本错配纠正效应并不明显，且国有企业规模扩大对纠正资本错配具有不利影响。

三、小结

上述稳健性检验结果表明两点。第一，在充分考虑内生性问题后，以企业规模、上市年限、经营风险、企业绩效和成长能力的一阶滞后变量作为控制变量，对式（5-1）进行回归，结果显示：（1）从整体上看，国有企业境外上市能够对资本错配问题起到纠正作用；（2）具体到不同上市地点的比较，国有企业在香港上市的资本错配纠正效应显著，而国有企业境外交叉上市对于资本错配的纠正效果并不显著；（3）国有企业规模扩大会加重资本错配现象。该研究结果基本与第二节一致。第二，进一步考虑极端值的影响后，将主要变量作1%和99%的缩尾处理，依此对式（5-1）进行回归，研究结论依旧与第二节保持一致。基于稳健性的检验结果，可以认为本书研究结论具有较高的可信性和科学性。

第四节　本章小结

本章从实证分析角度检验了国有企业境外上市的资本错配纠正效应。在具体研究过程中，从境外上市与境内上市、H股上市与A股上市、H+N股上市与A股上市、H股上市与H+N股上市四个维度进行了对比分析，研究结果表明：

第一，从整体视角看，国有企业境外上市的资本错配纠正效应显著。相较于境内，境外高效的证券市场、完备配套的制度体系能够有效解决国有企业长期存在的政企不分、代理人选择、所有者缺位等具体问题，使得国有企业境外上市能够起到纠正资本错配的效果。

第二，具体到不同的上市地点看，国有企业在香港上市能够有效地纠正资本错配问题，导致该效果的原因主要包括：（1）香港证券市场发展程度显著高于中国内地，信息披露标准、质量以及相关的制度体系也相对完善，使得香港上市国有企业能够有效降低信息不对称问题，缓解委托人与代理人之间的"委托代理冲突"；（2）香港联合交易所的《上市规则》能够针对中国内地国有企业的具体问题进行弹性调整，有效降低国有企业在香港上市过程中的调整成本；（3）香港地区与中国内地联系紧密，使得国有企业在香港上市的过程更加顺畅，能够及时地进行生产经营。

第三，无论是与A股上市相比，还是与H股上市相比，国有企业境外交叉上市的资本错配纠正效应均不显著。究其原因在于：美国证券市场起主导作用的《2002年萨班斯—奥克斯利法案》对在美上市国有企业要求过于严苛，该法案要求在美国上市的企业必须按照"美国标准"对内部控制、治理结构等多个方面进行调整，这一调整导致在美国上市的国有企业需要支付较高的"遵循成本"。国有企业出于对利润最大化的考虑，会退而选择到其他证券市场上市。该原因使得在境外交叉上市国有企业的资本错配纠正效果并不显著。

第四，国有企业规模不适度地扩大不利于纠正资本错配。国有企业规模已呈偏大状态，需要进行改革和调整；国有企业产能过剩问题已经相对突出，其规模已不宜继续扩大。国有企业规模进一步扩大，会加重资本错配问题。

第六章 国有企业境外上市纠正资本错配的机制分析

从1993年党的十四届三中全会到2013年党的十八届三中全会，国有企业治理问题一直受到党和国家的高度关注，在《关于建立社会主义市场经济体制若干问题的决定》中，国有企业改革方向为建立产权明晰、权责明确、政企分开、管理科学的现代企业制度，《中共中央关于全面深化改革若干重大问题的决定》再次提出推动国有企业完善现代企业制度。不可否认，国有企业治理问题是造成国有企业资本配置效率偏低的一个关键因素。通过前述分析发现，国有企业通过到境外上市会产生资本错配纠正效应。该效果产生的内在机制是什么？有何运行逻辑？本章将对该问题做出回答。

第一节 国有企业治理水平的测算分析

在对国有企业境外上市纠正资本错配的原因进行分析时发现，股权、董事会与监事会、经理层、信息披露、高管激励等因素是影响国有企业资本配置效率的主要微观因素。而这些因素，恰恰是公司治理的主要组成部分。基于此，本节首先对公司治理概念进行界定，在此基础上构建国有企业治理水平测度指标体系，对实验组与对照组国有企业2008~2018年的治理水平进行测度与评价。

一、公司治理概念的界定

关于公司治理问题最早的研究可以追溯至伯尔勒和米恩斯（Berle and

Means，1932）在《现代公司和私人产权》中对美国非金融公司的考察，随后米恩斯（Means，1939）提出两权分离理论，詹森和梅克林（Jensen and Meckling，1976）提出委托代理理论，公司治理理论日臻完善。

随着经济迅猛发展，公司治理在现代经济中的地位日益提升，国内外诸多学者展开了对公司治理问题的研究。哈特（Hart，1995）将公司治理解读为代理成本降低。利普顿等（Lipton et al.，1995）、马志奇和马立群（2018）等认为公司治理即为公司制衡方之间相互制约的一种制度安排，为了使企业在经营中产生最佳业绩，有效降低公司所有者（股东、董事会）与经营者（经理层）之间的委托代理冲突，公司治理便应运而生。蒂罗尔（Tirole，2001）认为选择出最具能力并对投资者负责的经理人是一个较好的公司治理结构。一般认为，公司治理水平高低是内部控制水平和公司管理水平的体现（胡国柳和赵阳，2017），高效的公司治理水平对提升企业绩效具有积极作用（叶陈刚和裘丽等，2016；周清杰，2003）。

综合国内外学者的相关研究，本书认为公司治理是用于协调股东、董事会、监事会、经理层关系，促进信息披露质量提升的一种综合性制度安排，其目的在于助力企业绩效提升。

二、指标的选取

目前，世界范围内从机构（世界银行）、国家（日本、韩国）、高校（南开大学、台湾辅仁大学、香港城市大学）到个人（杰克逊·马丁德尔、宫岛英昭等），均有相关研究对公司治理水平进行了评价，形成相对完善的公司治理评价体系。

概括起来讲，对公司治理水平评价需要从股权、董事会、监事会、经理层、信息披露和高管激励六个一级指标展开。根据国内外相关学者的研究，本书共选取 11 个二级指标对国有企业公司治理水平进行测度。关于各指标选取情况，本书做出如下说明。

1. 股权（U）

在股权结构测度指标选取中，公司治理研究者通常选取第一大股东持股量（白重恩等，2005；胡国柳和赵阳，2017）、股权集中度（叶陈刚和裘丽等，2016）、Herfindahl 指数（白重恩等，2005；胡国柳和赵阳，2017）对公司股权结构进行分析，股权集中度主要用于说明公司股权集中情况，而 Herfindahl 指数常用于表征其他人股东的股权集中度。其中，股权集中度指数为第 大股东持股比例与第二大股东持股比例的比值，Herfindahl 指数等于第二大至第十大股东持股量平方和的对数。

2. 董事会（V）

公司中董事会规模（叶陈刚和裘丽等，2016）以及独立董事比例（白重恩等，2005；叶陈刚和裘丽等，2016；胡国柳和赵阳，2017）常被用于表征公司治理中董事会构成情况。

3. 监事会（W）

本书用公司监事会规模反映企业监事会治理状况。

4. 经理层（X）

参照叶陈刚和裘丽等（2016）、胡国柳和赵阳（2017）等人的做法，以总经理和董事长是否兼任反映公司经理层治理情况，若兼任取值为1，否则取值为0。

5. 信息披露（Y）

一般认为四大会计师事务所审计水平较高，经由其审计的公司信息披露质量也相对较高，本书以公司是否由四大会计师事务所审计衡量其信息披露水平，如由其提供审计服务则取值为1，否则为0（吴秋生和王少华，2018）。

6. 高管激励（Z）

参照叶陈刚和裘丽等（2016）等人的做法本书用监管层前三名薪酬总额、董事前三名薪酬总额和高管前三名薪酬总额描述企业对高管的激励情况。

上述各一级指标与二级指标的选取情况如表 6－1 所示。

表 6－1　　指标选取情况

一级指标	二级指标
股权（U）	第一大股东持股量（U1）
	股权集中度（U2）
	其他股东股权集中度（U3）
董事会（V）	董事会规模（V1）
	独立董事比例（V2）
监事会（W）	监事会规模（W1）
经理层（X）	董事长与经理是否兼任（X1）
信息披露（Y）	是否由四大会计师事务所审计（Y1）

续表

一级指标	二级指标
高管激励（Z）	监管层前三名薪酬总额（Z1）
	董事前三名薪酬总额（Z2）
	高管前三名薪酬总额（Z3）

资料来源：笔者自制。

表中各二级指标的计量单位差异性较大，为消除由于量纲和取值范围不同带来的影响，将表中除二值变量（即取值为0或1的变量）外均进行对数化处理。

三、构建公司治理水平测度评价模型

（一）主成分特征值提取

用DPS计量经济软件将经过对数化处理的实验组与对照组国有企业2008～2018年数据运用因子分析法提取主成分。

在实验组中，2008～2010年可以提取四个主成分，2011～2014年可以提取五个主成分，2015年可提取六个主成分，2016～2018年均提取到七个主成分，各主成分特征值的贡献如表6－2所示。

表6－2　实验组主成分特征值提取　单位：%

年份	Comp1	Comp2	Comp3	Comp4	Comp5	Comp6	Comp7	Cumulative*
2008	68.29	9.83	8.32	6.20	—	—	—	92.65
2009	70.25	9.87	7.88	7.41	—	—	—	95.40
2010	66.59	9.35	8.84	7.16	—	—	—	91.94
2011	61.97	10.84	8.63	7.25	5.22	—	—	93.91
2012	56.10	11.10	8.78	8.32	5.86	—	—	90.16
2013	59.34	10.12	9.22	8.41	6.19	—	—	93.29
2014	58.67	11.48	9.27	7.59	6.41	—	—	93.43

续表

年份	Comp1	Comp2	Comp3	Comp4	Comp5	Comp6	Comp7	Cumulative *
2015	55.01	11.34	9.73	7.91	5.90	3.98	—	93.87
2016	27.64	17.59	14.01	10.36	8.87	7.65	5.80	91.92
2017	27.45	23.79	13.94	10.12	8.22	5.84	4.96	94.32
2018	32.10	20.41	13.24	9.02	8.31	5.15	4.26	92.49

注：* 表示主成分特征值累积贡献。

资料来源：DPS 统计输出。

对照组中，2008～2013 年可以提取七个主成分，2014 年、2016～2018 年均可以提取五个主成分，2015 年可提取到六个主成分，各主成分特征值的贡献如表 6－3 所示。

表 6－3　对照组主成分特征值提取　单位：%

年份	Comp1	Comp2	Comp3	Comp4	Comp5	Comp6	Comp7	Cumulative *
2008	26.37	21.04	13.19	11.28	9.97	7.05	5.29	94.17
2009	26.25	23.20	11.19	10.61	8.95	8.27	5.61	94.10
2010	25.32	23.23	11.56	10.25	9.29	8.95	5.16	93.75
2011	27.32	23.04	11.70	10.64	8.23	7.43	5.75	94.11
2012	27.19	21.14	12.46	10.39	8.58	7.51	6.11	93.38
2013	30.00	21.60	12.08	9.26	7.72	6.93	6.16	93.74
2014	54.42	11.19	10.23	8.24	7.03	—	—	91.10
2015	49.13	12.06	11.27	8.81	7.63	5.46	—	94.36
2016	55.70	11.19	9.35	8.38	6.82	—	—	91.44
2017	57.23	11.71	10.13	8.17	6.86	—	—	94.09
2018	55.42	11.85	9.63	8.69	7.14	—	—	92.73

注：* 表示主成分特征值累积贡献。

资料来源：DPS 统计输出。

表 6－2 和表 6－3 中，实验组和对照组中选取的 11 个二级指标主成分占信息量比重均在 90% 以上的水平，即已经提取了各个二级指标绝大部分信息，

具有统计显著性。

（二）公司治理水平综合评价指标模型

对经过对数化处理后的二级指标进行因子分析，通过提取主成分降低数据维度，由此可得实验组和对照组公司治理水平综合评价模型，记作式（6－1）：

$$\begin{aligned}Comp = & a1_{it}U1 + a2_{it}U2 + a3_{it}U3 + b1_{it}V1 + b2_{it}V2 + c1_{it}W1 \\ & + d1_{it}X1 + e1_{it}Y1 + f1_{it}Z1 + f2_{it}Z2 + f3_{it}Z3 \end{aligned} \tag{6-1}$$

其中，a1、a2、…、f2、f3 为每个指标对应的系数，该系数由每个指标所对应成分矩阵中的成分值乘以该系数对应的贡献率、再除以主成分特征值累积贡献的比重，最后相加得到；i 为实验组和对照组中的国有企业，t＝2008，2009，…，2018。实验组和对照 2008～2018 年各指标系数如表 6－4 和表 6－5 所示。

表 6－4　　2008～2018 年实验组综合评价指标模型系数

系数	2008年	2009年	2010年	2011年	2012年	2013年	2014年	2015年	2016年	2017年	2018年
a1	0.72	0.72	0.71	0.57	0.59	0.60	0.59	0.55	0.14	0.10	0.11
a2	0.63	0.72	0.69	0.57	0.59	0.61	0.60	0.56	0.14	0.08	0.25
a3	0.37	0.24	0.37	0.22	0.19	0.09	0.14	0.11	0.07	0.06	0.13
b1	0.67	0.71	0.65	0.58	0.55	0.57	0.57	0.49	0.17	0.12	0.20
b2	0.64	0.69	0.62	0.55	0.48	0.51	0.52	0.45	0.20	0.12	0.16
c1	0.62	0.60	0.57	0.53	0.43	0.44	0.38	0.41	0.03	0.10	0.26
d1	0.20	0.18	0.14	0.17	0.18	0.21	0.19	0.16	0.04	0.18	0.21
e1	0.44	0.41	0.33	0.29	0.18	0.22	0.25	0.27	0.17	0.10	0.22
f1	0.72	0.73	0.70	0.65	0.57	0.59	0.58	0.51	0.33	0.36	0.27
f2	0.72	0.72	0.70	0.65	0.48	0.60	0.58	0.47	0.20	0.33	0.27
f3	0.72	0.73	0.71	0.66	0.59	0.61	0.59	0.54	0.35	0.37	0.35

资料来源：DPS 统计输出。

表 6-5　　2008~2018 年对照组综合评价指标模型系数

系数	2008年	2009年	2010年	2011年	2012年	2013年	2014年	2015年	2016年	2017年	2018年
a1	0.25	0.22	0.19	0.22	0.22	0.30	0.58	0.48	0.59	0.60	0.57
a2	0.02	0.07	0.21	0.22	0.18	0.22	0.58	0.44	0.59	0.60	0.56
a3	0.19	0.12	-0.05	-0.04	0.00	0.02	0.14	0.24	0.14	0.15	0.18
b1	0.25	0.36	0.17	0.08	0.18	0.05	0.50	0.50	0.56	0.51	0.57
b2	0.28	0.36	0.15	0.10	0.21	0.05	0.38	0.47	0.49	0.42	0.51
c1	0.13	0.23	0.17	0.12	0.17	0.16	0.35	0.39	0.42	0.35	0.43
d1	0.15	0.05	0.08	0.07	0.01	0.21	0.11	0.04	-0.01	0.06	0.03
e1	0.16	0.12	0.07	0.21	0.12	0.06	0.16	0.07	0.19	0.16	0.18
f1	0.20	0.06	0.34	0.34	0.31	0.36	0.59	0.42	0.56	0.59	0.54
f2	0.16	0.16	0.10	0.22	0.20	0.19	0.49	0.21	0.45	0.59	0.40
f3	0.19	0.06	0.34	0.33	0.31	0.36	0.58	0.42	0.56	0.59	0.54

资料来源：DPS 统计输出。

（三）公司治理水平测度指标模型

将式（6-1）中各系数进行归一化处理，即将各系数除以其对应的所有系数之和，由此得到公司治理水平测度指标体系模型，记作式（6-2）：

$$CGL = a1'_{it}U1 + a2'_{it}U2 + a3'_{it}U3 + b1'_{it}V1 + b2'_{it}V2 + c1'_{it}W1 + d1'_{it}X1 + e1'_{it}Y1 + f1'_{it}Z1 + f2'_{it}Z2 + f3'_{it}Z3 \quad (6-2)$$

其中，a1′、a2′、…、f2′、f3′为每个指标对应的系数，U1、U2、…、Z2、Z3 为本书选取的各个二级指标，i 表示实验组与对照组各国有企业，t = 2008，2009，…，2018。实验组与对照组公司治理水平测度指标模型的系数构成情况分别如表 6-6 和表 6-7 所示。

表 6-6　　2008~2018 年实验组测度指标模型系数

系数	2008年	2009年	2010年	2011年	2012年	2013年	2014年	2015年	2016年	2017年	2018年
a1′	0.11	0.11	0.11	0.10	0.12	0.12	0.12	0.12	0.08	0.05	0.05
a2′	0.10	0.11	0.11	0.10	0.12	0.12	0.12	0.12	0.08	0.04	0.10

续表

系数	2008年	2009年	2010年	2011年	2012年	2013年	2014年	2015年	2016年	2017年	2018年
a3′	0.06	0.04	0.06	0.04	0.04	0.02	0.03	0.02	0.04	0.03	0.05
b1′	0.10	0.11	0.11	0.11	0.11	0.11	0.11	0.11	0.09	0.06	0.08
b2′	0.10	0.11	0.10	0.10	0.10	0.10	0.10	0.10	0.11	0.06	0.07
c1′	0.10	0.09	0.09	0.10	0.09	0.09	0.08	0.09	0.01	0.05	0.11
d1′	0.03	0.03	0.02	0.03	0.04	0.04	0.04	0.04	0.02	0.09	0.09
e1′	0.07	0.06	0.05	0.05	0.04	0.04	0.05	0.06	0.09	0.05	0.09
f1′	0.11	0.11	0.11	0.12	0.12	0.12	0.12	0.11	0.18	0.19	0.11
f2′	0.11	0.11	0.11	0.12	0.10	0.12	0.12	0.10	0.11	0.17	0.11
f3′	0.11	0.11	0.11	0.12	0.12	0.12	0.12	0.12	0.19	0.19	0.14

资料来源：DPS 统计输出。

表 6-7　　2008~2018 年对照组测度指标模型系数

系数	2008年	2009年	2010年	2011年	2012年	2013年	2014年	2015年	2016年	2017年	2018年
a1′	0.12	0.12	0.11	0.12	0.12	0.15	0.13	0.13	0.13	0.13	0.13
a2′	0.01	0.04	0.12	0.12	0.09	0.11	0.13	0.12	0.13	0.13	0.12
a3′	0.10	0.07	-0.03	-0.02	0.00	0.01	0.03	0.07	0.03	0.03	0.04
b1′	0.12	0.20	0.09	0.04	0.10	0.02	0.11	0.14	0.12	0.11	0.13
b2′	0.14	0.20	0.09	0.05	0.11	0.02	0.08	0.13	0.11	0.09	0.11
c1′	0.07	0.13	0.09	0.07	0.09	0.08	0.08	0.10	0.09	0.08	0.09
d1′	0.08	0.03	0.05	0.04	0.01	0.11	0.03	0.01	0.00	0.01	0.01
e1′	0.08	0.07	0.04	0.11	0.06	0.03	0.04	0.02	0.04	0.03	0.04
f1′	0.10	0.03	0.19	0.18	0.16	0.18	0.13	0.11	0.12	0.13	0.12
f2′	0.08	0.09	0.06	0.12	0.11	0.10	0.11	0.06	0.10	0.13	0.09
f3′	0.10	0.03	0.19	0.18	0.16	0.18	0.13	0.11	0.12	0.13	0.12

资料来源：DPS 统计输出。

根据表6-6和表6-7的测算结果，进一步可以得到实验组与对照组国有企业公司治理水平测算过程中各一级指标股权（U）、董事会（V）、监事会（W）、经理层（X）、信息披露（Y）、高管激励（Z）的权重，如表6-8所示。

表6-8　　实验组与对照组各一级指标权重

年份	实验组						对照组					
	U	V	W	X	Y	Z	U	V	W	X	Y	Z
2008	0.27	0.20	0.10	0.03	0.07	0.33	0.23	0.26	0.07	0.08	0.08	0.28
2009	0.26	0.22	0.09	0.03	0.06	0.33	0.23	0.40	0.13	0.03	0.07	0.15
2010	0.28	0.21	0.09	0.02	0.05	0.33	0.20	0.18	0.09	0.05	0.04	0.44
2011	0.24	0.21	0.10	0.03	0.05	0.36	0.22	0.09	0.07	0.04	0.11	0.48
2012	0.28	0.21	0.09	0.04	0.04	0.34	0.21	0.21	0.09	0.01	0.06	0.43
2013	0.26	0.21	0.09	0.04	0.04	0.36	0.27	0.04	0.08	0.11	0.03	0.46
2014	0.27	0.21	0.08	0.04	0.05	0.36	0.29	0.19	0.08	0.03	0.04	0.37
2015	0.26	0.21	0.09	0.04	0.06	0.33	0.32	0.27	0.10	0.01	0.02	0.28
2016	0.20	0.20	0.01	0.02	0.09	0.48	0.29	0.23	0.09	0.00	0.04	0.34
2017	0.12	0.12	0.05	0.09	0.05	0.55	0.29	0.20	0.08	0.01	0.03	0.39
2018	0.20	0.15	0.11	0.09	0.09	0.36	0.29	0.24	0.09	0.01	0.04	0.33
均值	0.24	0.20	0.08	0.04	0.06	0.38	0.26	0.21	0.09	0.03	0.05	0.36

资料来源：DPS统计输出。

由表6-8中结果可以得到如下结论。

第一，从2008~2018年公司治理水平各一级指标权重的均值来看，实验组和对照组中均有：Z>U>V>W>Y>X，即高管激励（Z）对于境内上市与境外上市国有企业的影响程度最大，其次依次为股权（U）、董事会（V）、监事会（W）和信息披露（Y），经理层（X）对公司治理水平的影响程度最小。对比实验组与对照组各一级指标权重均值的大小发现，高管激励（Z）和信息披露（Y）对境外上市国有企业公司治理水平的影响高于境内上市国有企业；其余四个指标境内上市国有企业则要高于境外上市国有企业。

第二，从一级指标权重变化过程来看：（1）实验组中，经理层（X）、信息披露（Y）和高管激励（Z）近几年呈上升趋势，其对境外上市国有企业治理水平的影响程度不断增强，而股权（U）和董事会（V）权重出现了小幅度下降趋势；（2）在对照组中，近几年股权（U）和高管激励（Z）对境内上市国有企业公司治理水平的影响程度呈增强趋势，信息披露（Y）则呈小幅下降态势。

上述分析表明，股权、董事会、监事会、经理层、信息披露和高管激励6个一级指标对境外上市与境内上市国有企业公司治理水平的影响具有显著差异。

四、测算结果分析

将实验组和对照组经过对数化处理之后的各二级指标值代入式（6-2），通过计算可以得到各组国有企业2008~2018年公司治理水平测算结果，分别如表6-9和表6-10所示。

表6-9　　2008~2018年实验组公司治理水平测算结果

企业	2008年	2009年	2010年	2011年	2012年	2013年	2014年	2015年	2016年	2017年	2018年	均值
万科	8.64	8.98	9.19	9.31	9.57	9.56	9.47	9.37	10.62	11.20	8.28	9.47
中兴通讯	8.41	8.72	8.75	8.85	8.64	9.13	9.28	9.30	10.43	10.90	7.55	9.09
潍柴动力	7.65	8.38	8.45	8.68	8.72	8.94	8.88	8.82	9.85	10.40	7.79	8.78
晨鸣纸业	8.17	8.49	8.76	8.91	8.91	9.18	8.97	8.82	9.86	10.40	7.60	8.92
经纬纺机	7.82	7.80	7.80	8.15	8.30	8.33	8.26	8.21	9.14	9.63	7.19	8.24
新华制药	7.72	7.78	7.95	7.78	7.96	8.22	8.09	8.10	9.09	9.67	7.17	8.14
鞍钢股份	8.20	8.03	8.25	8.30	8.39	8.57	8.44	8.39	9.16	9.61	7.23	8.42
海信家电	7.77	7.90	8.06	8.19	8.42	8.68	8.55	8.42	9.67	10.18	7.50	8.49
华能国际	8.56	8.58	8.73	8.73	8.88	9.00	8.90	8.86	9.50	9.26	5.80	8.62
皖通高速	7.83	7.89	8.00	8.13	8.27	8.40	8.09	8.09	8.90	9.26	7.02	8.17
中远海能	8.18	8.18	8.32	8.38	8.54	8.77	8.70	8.69	9.36	10.01	7.36	8.59
中国石化	8.81	8.92	9.13	9.16	9.34	9.48	9.37	9.08	9.75	10.00	7.53	9.14
南方航空	8.40	8.51	8.72	8.80	8.81	9.01	8.91	8.73	9.61	9.91	6.05	8.68

续表

企业	2008年	2009年	2010年	2011年	2012年	2013年	2014年	2015年	2016年	2017年	2018年	均值
中信证券	8.69	8.72	8.98	9.46	9.36	9.60	9.46	9.16	9.93	10.75	8.21	9.30
东方航空	7.89	8.12	8.45	8.56	8.77	8.95	8.78	8.72	8.07	7.53	7.36	8.29
兖州煤业	8.03	8.35	8.25	8.36	8.63	8.72	8.83	8.68	9.45	9.66	7.33	8.57
白云山	7.73	7.81	7.95	8.17	8.28	8.53	8.51	8.35	9.28	9.57	7.23	8.31
江西铜业	8.17	8.24	8.35	8.44	8.55	8.77	8.66	8.46	9.31	9.67	7.25	8.53
宁沪高速	8.05	8.17	8.24	8.30	8.48	8.59	8.56	8.51	9.40	9.72	7.33	8.49
山东黄金	7.92	7.93	8.34	8.32	8.45	8.53	8.43	8.35	9.45	9.73	7.31	8.43
深高速	8.21	8.25	8.36	8.45	8.53	8.72	8.60	8.56	9.56	10.06	7.51	8.62
海螺水泥	8.03	8.21	8.47	8.61	8.63	8.82	8.75	8.62	9.45	9.99	7.34	8.63
青岛啤酒	8.22	8.42	8.58	8.57	8.60	8.84	8.70	8.64	9.35	9.84	7.36	8.65
中船防务	7.98	8.02	8.19	8.22	8.26	8.45	8.51	8.38	9.26	9.63	7.10	8.36
上海石化	8.21	8.32	8.42	8.52	8.69	8.83	8.82	8.74	9.48	9.77	7.32	8.65
南京熊猫	7.71	7.79	7.56	7.58	6.80	8.21	8.06	7.94	8.76	9.07	5.43	7.72
昆明机床	7.94	8.03	8.10	8.34	8.35	8.61	8.37	8.23	9.32	9.56	—	8.49
海通证券	8.35	8.41	8.49	8.67	8.90	9.15	9.03	8.93	9.88	10.15	7.70	8.88
京城股份	7.57	7.68	7.62	7.95	8.00	8.28	8.24	8.08	8.92	9.26	6.87	8.04
创业环保	8.05	8.22	8.29	8.35	8.47	8.65	8.52	8.49	9.38	9.76	7.41	8.51
东方电气	7.94	7.92	8.09	8.25	8.39	8.57	8.51	6.97	7.52	8.78	5.45	7.85
洛阳玻璃	7.55	7.55	7.76	7.87	8.03	8.09	8.11	8.06	8.80	9.29	6.89	8.00
重庆钢铁	7.81	7.85	7.96	8.01	8.11	8.24	8.29	8.16	8.74	9.57	7.96	8.25
一拖股份	—	—	—	—	8.17	8.50	8.35	8.34	9.29	9.84	7.02	8.50
四川成渝	—	8.15	8.08	8.19	8.26	8.37	8.25	8.16	8.94	9.28	6.93	8.26
中国国航	8.41	8.36	8.64	8.79	8.87	9.09	8.96	8.89	9.63	7.51	7.46	8.60
广深铁路	7.95	8.13	8.25	8.44	8.49	8.48	8.42	8.37	9.06	9.33	7.05	8.36

续表

企业	2008年	2009年	2010年	2011年	2012年	2013年	2014年	2015年	2016年	2017年	2018年	均值
中国中铁	8.50	8.56	8.81	8.75	8.89	9.22	8.97	8.87	9.56	9.97	7.57	8.88
工商银行	8.90	8.97	9.11	9.05	9.39	9.54	9.39	9.22	9.68	10.13	7.59	9.18
北辰实业	8.15	8.10	8.13	8.22	8.49	8.68	8.43	8.48	9.35	9.76	7.22	8.46
中国铝业	8.39	8.41	8.51	8.59	8.56	8.79	8.62	8.53	9.38	9.68	7.16	8.60
中国太保	8.69	8.78	8.89	9.12	9.18	9.42	9.13	9.06	10.08	10.59	7.80	9.16
上海医药	—	7.98	8.29	8.64	8.75	8.83	8.62	8.60	9.85	10.39	7.78	8.77
中国人寿	9.01	8.85	9.02	9.00	8.95	9.37	9.18	9.04	9.98	10.27	7.61	9.12
上海电气	8.42	8.44	8.61	8.67	8.80	9.01	8.93	8.78	9.54	9.67	7.52	8.76
中国交建	—	—	—	—	8.96	9.06	9.00	8.83	9.67	10.08	7.35	8.99
中海油服	7.98	8.14	8.33	8.26	8.50	8.69	8.62	8.49	9.36	9.79	7.38	8.50
新华文轩	—	—	—	—	—	—	—	—	9.34	9.81	7.36	8.84
中国石油	8.98	9.03	9.24	9.22	9.45	9.55	9.39	9.30	9.94	10.07	8.12	9.30
中远海发	8.41	8.49	8.71	8.76	9.14	8.77	8.70	8.85	9.72	10.12	—	8.97
大连港	—	—	8.32	8.52	8.65	8.83	8.71	8.45	9.46	9.70	7.07	8.63
中煤能源	8.08	8.22	8.63	8.47	8.68	8.90	8.61	8.61	9.26	9.39	6.98	8.53
紫金矿业	8.79	8.76	9.15	9.23	9.46	9.17	9.32	9.28	10.18	10.95	8.07	9.31
中国银行	9.46	9.28	9.50	9.50	9.70	9.79	9.70	9.37	9.98	10.20	—	9.65
大唐发电	8.19	8.34	8.40	8.48	8.68	8.87	8.61	8.66	9.50	9.62	7.21	8.60
中信银行	9.27	9.32	9.44	9.46	9.38	9.56	9.45	9.25	10.06	10.52	8.01	9.43
洛阳钼业	—	—	—	—	8.72	8.51	8.90	8.60	9.86	—	7.70	8.72

资料来源：笔者计算得到。

从实验组2008～2018年各境外上市国有企业治理水平的均值看，中国银行、万科和中信银行分别以9.65、9.47和9.43的公司治理水平位列境外上市国有企业公司治理水平排名前三甲。境外上市国有企业中，公司治理水平最高与最低国有企业的治理水平均值相差不大，仅为1.93。综合来看，境外上市各国有企业之间公司治理水平差异性不明显，在实验组涉及的57家境外上市国有企业中，55家企业治理水平在8.0以上，占实验组企业总数的96.49%，治理水平在8.5和9.0以上的国有企业数分别为38家和11家。

表6-10　　2008~2018年对照组公司治理水平测算结果

企业	2008年	2009年	2010年	2011年	2012年	2013年	2014年	2015年	2016年	2017年	2018年	均值
中国宝安	6.78	5.34	9.54	10.17	9.42	10.33	9.18	7.90	9.06	9.68	8.63	8.73
深赛格	6.88	5.53	9.04	9.73	9.22	10.23	8.99	7.94	8.66	9.21	8.44	8.53
TCL集团	7.66	5.82	9.93	10.81	10.09	11.29	9.70	8.50	9.48	10.05	9.06	9.31
太阳能	7.15	5.85	8.65	9.23	8.84	9.66	8.43	7.23	8.77	9.43	8.66	8.35
恒天海龙	6.80	5.44	8.38	8.91	8.58	9.42	8.29	7.61	8.08	8.65	7.94	8.01
华闻传媒	7.17	5.54	9.53	10.40	9.75	10.79	9.45	8.08	8.89	9.32	8.42	8.85
赣能股份	7.35	5.79	8.87	9.40	8.96	8.70	8.94	7.95	8.45	8.82	6.93	8.20
宁通信	6.89	5.45	8.65	9.12	8.65	9.53	8.30	7.45	6.86	8.54	8.07	7.96
上港集团	7.45	6.01	9.62	10.25	9.69	11.11	9.59	8.46	9.09	9.71	8.98	9.09
保利地产	7.50	5.96	9.75	10.56	10.04	11.17	9.67	8.59	9.41	9.90	9.15	9.25
中国医药	7.25	5.69	9.08	9.68	9.17	10.34	9.04	7.90	8.75	9.31	8.49	8.61
同仁堂	7.30	5.98	9.47	9.98	9.56	10.61	9.23	8.16	8.89	9.30	8.61	8.83
长航油运	7.17	5.71	9.15	9.71	9.36	10.39	—	—	—	—	—	8.58
北方稀土	6.99	5.64	9.15	9.75	9.41	10.30	9.07	8.02	8.58	9.13	8.45	8.59
浙江东日	6.80	5.31	8.64	9.28	8.76	9.72	8.47	7.53	8.44	8.83	8.12	8.17
三峡水利	6.48	5.12	8.71	9.25	8.80	9.63	8.48	7.36	8.30	8.78	8.05	8.09
西宁特钢	6.96	5.55	8.84	9.44	8.88	9.94	8.65	7.73	8.36	8.72	7.95	8.27
岷江水电	6.65	5.34	8.98	9.51	9.01	9.87	8.63	7.60	8.39	8.82	8.15	8.27
海航控股	7.09	5.77	9.26	10.09	9.48	10.58	9.25	8.13	9.17	9.43	8.73	8.82
沧州大化	6.56	5.28	8.09	8.51	8.08	9.01	8.08	7.39	8.13	8.60	8.01	7.79
羚锐制药	6.54	5.18	8.72	9.28	8.79	9.82	8.64	7.59	8.56	9.14	8.36	8.24

续表

企业	2008年	2009年	2010年	2011年	2012年	2013年	2014年	2015年	2016年	2017年	2018年	均值
旭光股份	6.43	5.17	8.77	9.28	8.76	9.75	8.40	7.44	8.24	8.69	8.01	8.09
航发科技	6.86	5.31	8.02	7.72	8.80	9.75	8.57	7.57	8.22	8.71	7.99	7.96
现代制药	6.93	5.46	9.04	9.59	9.05	9.93	8.80	7.78	8.75	9.16	8.49	8.45
宁夏建材	6.87	5.54	9.10	9.77	9.14	9.82	8.96	7.84	8.54	9.24	8.44	8.48
湘邮科技	5.29	3.98	7.67	7.41	7.07	7.96	6.82	6.53	7.97	8.43	7.68	6.98
卓郎智能	6.84	5.48	8.90	9.45	9.07	10.02	8.81	7.75	8.33	9.44	9.29	8.49
国睿科技	6.44	5.13	8.44	9.03	8.52	9.71	8.56	7.50	8.40	8.84	8.11	8.06
天地源	7.37	6.11	9.46	10.00	9.51	10.52	9.31	8.30	8.99	9.54	8.78	8.90
奥瑞德	6.65	5.44	8.69	9.26	8.94	9.74	8.48	7.64	8.57	9.04	8.21	8.24
太极实业	6.48	5.25	9.02	9.62	9.14	10.13	8.99	7.99	8.83	9.31	8.64	8.49
尖峰集团	6.72	5.38	8.96	9.54	8.95	9.95	8.70	7.61	8.39	8.90	8.23	8.30
湖南天雁	6.64	5.60	8.65	9.40	8.61	9.86	8.66	7.75	8.43	8.91	8.19	8.25
曲江文旅	5.90	4.63	8.33	8.91	8.50	9.70	8.36	7.41	8.12	8.55	7.83	7.84
锦江股份	7.43	6.01	9.18	9.92	9.44	10.40	9.05	7.92	8.55	9.02	8.32	8.66
西藏城投	6.49	5.03	9.06	9.75	9.24	10.18	8.86	7.93	8.71	9.19	8.45	8.44
京能置业	6.64	5.46	8.88	9.41	8.92	9.91	8.68	7.73	8.38	8.76	8.15	8.27
保税科技	6.65	5.28	8.93	9.60	9.00	9.98	8.68	7.82	8.55	8.97	8.28	8.34
国电电力	7.16	4.81	8.77	8.57	8.22	10.80	9.43	7.62	9.11	9.57	8.90	8.45
香溢融通	6.74	5.32	9.46	10.14	9.43	10.37	8.82	7.70	8.50	8.78	7.71	8.45
华东电脑	6.91	5.42	8.92	9.47	9.13	10.26	8.95	7.87	8.72	9.20	8.46	8.48
北京城乡	6.87	5.34	8.80	9.53	9.03	9.88	8.57	7.49	8.18	8.64	8.04	8.22
中航高科	6.58	5.21	8.80	9.42	8.80	9.75	8.29	7.40	8.47	8.88	8.14	8.16
星湖科技	7.10	5.57	9.38	9.73	9.06	9.95	8.58	7.46	8.43	8.73	8.26	8.39
览海投资	6.94	4.38	8.34	9.61	9.06	9.99	8.49	7.31	8.77	9.45	8.54	8.26

续表

企业	2008年	2009年	2010年	2011年	2012年	2013年	2014年	2015年	2016年	2017年	2018年	均值
中材国际	7.31	5.64	9.72	10.27	9.46	10.30	8.99	7.92	8.92	9.48	8.63	8.79
广安爱众	6.51	5.21	8.48	9.33	8.82	9.76	8.54	7.60	8.43	8.94	8.17	8.16
大同煤业	7.19	5.94	8.91	9.67	9.38	10.34	9.09	8.07	8.50	9.13	8.44	8.61
柳钢股份	7.78	6.32	9.18	9.78	9.46	10.58	9.28	8.41	8.85	9.39	8.67	8.88
金陵饭店	6.85	5.47	8.87	9.38	8.93	9.92	8.62	7.69	8.45	8.92	8.18	8.30
连云港	5.70	5.43	8.93	9.47	8.99	9.96	8.77	7.84	8.53	8.96	8.24	8.26
平煤股份	7.34	5.95	9.45	9.85	9.46	10.11	9.03	8.07	8.80	9.24	8.62	8.72
招商轮船	7.69	6.03	9.60	10.29	9.68	10.64	9.30	7.49	9.36	9.77	8.97	8.98
国投新集	7.21	5.70	9.46	10.15	9.43	10.55	9.03	7.91	8.77	9.12	8.60	8.72
出版传媒	7.26	5.81	8.97	9.49	9.03	10.00	8.86	7.81	8.42	8.88	8.16	8.43
锦旅股份	7.08	5.47	8.83	9.37	8.86	9.73	8.57	7.51	8.25	8.71	8.01	8.22
大化股份	6.87	5.50	8.53	9.09	8.62	9.58	8.42	7.44	8.06	8.31	7.53	8.00

资料来源：笔者计算得到。

从表6－10对照组各国有企业治理水平看，TCL集团、保利地产和上港集团的公司治理水平位列对照组企业治理水平前三名，其2008～2018年均值依次为9.31、9.25和9.09。综合来看，对照组中各国有企业之间治理水平差异性也不大，其中52家企业治理水平在8.0以上，占对照组企业总数的91.23%；19家国有企业公司治理水平在8.5以上，3家在9.0以上。

为了更进一步比较实验组（境外上市）与对照组（境内上市）国有企业治理水平差异，将两组国有企业2008～2018年治理水平的平均值以0.5为组距进行划分，得到各组企业治理水平分布情况如表6－11所示。

从表6－11中的结果看，公司治理水平在8.0以下的境外上市和境内上市国有企业数目分别有2家和5家，仅占样本企业数目的3.51%和8.77%。实验组与对照组中多数国有企业公司治理水平集中于8.0～9.0的区间范围。进一步对比可知，实验组中公司治理水平在8.5以上的企业数目显著地高于对照组为36家，占样本数的63.16%。治理水平在9.0以上的实验组与对照组企业数分别占样本数的19.30%和5.26%。

表6-11　　实验组与对照组国有企业治理水平分布情况

组距	境外上市		境内上市	
	企业数目（个）	占比（%）	企业数目（个）	占比（%）
8.0以下	2	3.51	5	8.77
8.0~8.5	19	33.33	33	57.89
8.5~9.0	25	43.86	16	28.07
9.0以上	11	19.30	3	5.26

资料来源：DPS统计输出后作者整理而得。

通过上述分析可以发现，实验组中治理水平较高的国有企业（8.5以上）数目高于对照组，而治理水平偏低的国有企业（8.0以下）数目低于对照组。这进一步可以说明，国有企业境外上市在一定程度上促进了公司治理水平提升。

第二节　公司治理水平与资本错配的相关性分析

前文已经从规范分析角度得到，国有企业资本错配程度与公司治理水平在理论上具有相关性。基于此，本部分从实证分析角度对国有企业公司治理水平与资本错配程度的相关性进行验证。

一、研究方法与指标的选取

在灰色理论中，因灰色关联分析方法具有简单、可操作性强的优点（罗党和刘思峰，2005），且其对样本数量和样本分布规律均无特殊要求（周金凯和戴臻，2017），故经常被用于分析两个变量之间的相似或相异程度。本书通过灰色关联分析方法判别国有企业资本错配程度与公司治理水平是否存在联系，以及其联系的紧密程度。

资本错配程度（τ）为境外上市与境内上市国有企业资本错配指数，数据由前文测算得到，即第三章表3-7和表3-8中实验组与对照组国有企业2008~

2018年资本错配指数；公司治理水平（CGL）为与资本错配程度对应的境外上市与境内上市各国有企业公司治理水平，即为本章表6－9和表6－10中公司治理水平测算结果。

二、模型构建

第一步，设定自变量序列与因变量序列，其中影响系统行为的变量为自变量序列，表征系统特征的变量为因变量序列。本书设定公司治理水平（CGL）为自变量序列，国有企业资本错配程度（τ）为因变量序列。

第二步，将自变量序列与因变量序列进行无量纲化处理，即：$CGL_i^{(t)'}=CGL_i^{(t)}/\overline{CGL_i^{(t)}}$；$\tau_i^{(t)'}=\tau_i^{(t)}/\overline{\tau_i^{(t)}}$；其中t表示时间，i表示本书涉及的实验组与对照组中各个国有企业。$CGL_i^{(t)'}$和$\tau_i^{(t)'}$为经过无量纲化处理后的序列；$\overline{CGL_i^{(t)}}$和$\overline{\tau_i^{(t)}}$分别为国有企业i在2008～2018年时期公司治理水平序列与资本错配程度序列的算术平均值。

第三步，计算差序列、最小值和最大值，其中差序列为$\Delta_i^{(t)}=[CGL_i^{(t)'}-\tau_i^{(t)'}]$，最大值为$\Delta_i^{(t)'}$取值最大时的值，设定最小值为0。

第四步，计算关联系数$L_i^{(t)}=(\Delta\min+\lambda\Delta\max)/(\Delta+\lambda\Delta\max)$，表示在t时国有企业i公司治理水平与资本错配程度的关联系数，λ为分辨系数，常取$\lambda=0.5$。

第五步，计算关联度$R_i=\frac{1}{11}\sum_{t=2008}^{2018}L_i^{(t)}$，其中$R_i$表示国有企业i公司治理水平与资本错配程度的关联度。

在灰色关联分析中，用关联度次序和关联度大小来判别因变量序列与自变量序列的关联程度。关联度次序用来反映序列之间的紧密关系，关联度越大说明关系越紧密。

三、实证结果分析

根据上述计算步骤，可以得到2008～2018年境外上市与境内上市国有企业公司治理水平与资本错配程度的灰色关联度，如表6－12所示。

通过表6－12中灰色关联度测算结果，可以得到：实验组与对照组中各国有企业公司治理水平与资本错配程度的灰色关联度分别位于0.4375～0.8089

和0.4791～0.7376的区间范围。进一步将实验组与对照组国有企业公司治理水平与资本错配程度的灰色关联度以0.1为组距进行划分，得到其具体的区间分布状况如表6－13所示。

表6－12　2008～2018年公司治理水平与资本错配程度的灰色关联度

实验组	关联度	对照组	关联度	实验组	关联度	对照组	关联度
万科	0.6153	中国宝安	0.6725	南方航空	0.6334	三峡水利	0.5172
昆明机床	0.5642	湖南天雁	0.6692	大唐发电	0.6713	国电电力	0.6811
京城股份	0.4838	尖峰集团	0.6356	晨鸣纸业	0.7170	宁通信	0.6044
上海石化	0.6967	太极实业	0.6508	宁沪高速	0.7143	海航控股	0.6387
青岛啤酒	0.5595	奥瑞德	0.6528	兖州煤业	0.6557	岷江水电	0.4791
中船防务	0.7034	天地源	0.6492	中国石化	0.6012	羚锐制药	0.6508
华能国际	0.8089	锦旅股份	0.7144	中国石油	0.6266	沧州大化	0.6711
中远海能	0.6311	锦江股份	0.5237	中国铝业	0.5611	航发科技	0.6703
洛阳玻璃	0.5449	星湖科技	0.6104	中海油服	0.6293	旭光股份	0.6227
上海医药	0.5526	华东电脑	0.6830	中国人寿	0.6943	湘邮科技	0.6336
东方电气	0.6406	北京城乡	0.5256	紫金矿业	0.6690	卓郎智能	0.6347
创业环保	0.6627	中航高科	0.6853	山东黄金	0.7161	宁夏建材	0.6599
海通证券	0.6093	香溢融通	0.5833	中信证券	0.5490	国睿科技	0.4988
皖通高速	0.7572	西藏城投	0.7376	中国国航	0.6529	广安爱众	0.6149
广深铁路	0.5748	曲江文旅	0.6711	中远海发	0.4500	现代制药	0.5719
经纬纺机	0.5495	太阳能	0.6123	潍柴动力	0.4852	TCL集团	0.6100
新华制药	0.5850	恒天海龙	0.6567	上海电气	0.5929	中材国际	0.5689
海信家电	0.5137	深赛格	0.6985	中国交建	0.6980	招商轮船	0.6478
南京熊猫	0.5775	览海投资	0.6717	中煤能源	0.5886	平煤股份	0.4920
中兴通讯	0.6483	赣能股份	0.6285	大连港	0.5382	大同煤业	0.7234
白云山	0.4375	大化股份	0.5069	工商银行	0.7663	上港集团	0.5933
海螺水泥	0.7048	浙江东日	0.6251	中国银行	0.6025	保利地产	0.6520

续表

实验组	关联度	对照组	关联度	实验组	关联度	对照组	关联度
四川成渝	0.6378	西宁特钢	0.6562	中国中铁	0.7653	国投新集	0.5423
重庆钢铁	0.6645	北方稀土	0.5918	新华文轩	—	连云港	0.6355
鞍钢股份	0.7565	华闻传媒	0.5438	洛阳钼业	0.5659	金陵饭店	0.6214
一拖股份	0.5694	同仁堂	0.6354	中国太保	0.6928	出版传媒	0.6486
北辰实业	0.6631	中国医药	0.6173	中信银行	0.7274	柳钢股份	0.6140
江西铜业	0.6193	长航油运	0.5318	—	—	—	—
深高速	0.6060	保税科技	0.6474	—	—	—	—
东方航空	0.6915	京能置业	0.6810	—	—	—	—

资料来源：DPS 统计输出。

表 6－13　　实验组与对照组灰色关联度区间分布状况

组距	实验组		对照组	
	企业数目（个）	占比（%）	企业数目（个）	占比（%）
0.8～0.9	1	1.75	0	0
0.7～0.8	10	17.54	3	5.26
0.6～0.7	25	43.86	39	68.42
0.5～0.6	16	28.07	12	21.05
0.4～0.5	4	7.02	3	5.26

注：实验组中其中一个国有企业的数据缺失，但本部分仍按 57 家企业计算。

资料来源：DPS 统计输出后作者整理而得。

表 6－13 中的数据显示，实验组与对照组中绝大多数国有企业公司治理水平与资本错配程度的灰色关联度位于 0.5～0.7 区间，在该范围内实验组与对照组的国有企业数目分别为 51 个和 54 个，分别占对应组别国有企业数目的 89.47% 和 94.74%。进一步看，实验组中关联度在 0.7 以上的国有企业数目要高于对照组，对照组中公司治理水平与资本错配程度的灰色关联度在 0.6～0.7 范围的国有企业数目略多。根据灰色理论，当关联度位于 0.3 以上的水平时即可说明自变量序列与因变量序列存在较强的相关关系，本书涉及的实验组

与对照组国有企业公司治理水平与资本错配程度的关联度均在 0.3 以上的水平。由此可以充分说明，中国境外上市与境内上市国有企业公司治理水平与资本错配程度之间均存在较强的相关关系。

第三节　中介效应模型的构建

一、模型构建

第五章分析已经证明，国有企业境外上市具有资本错配纠正效应；通过对境外上市与境内上市国有企业治理水平的测算分析发现，境外上市国有企业公司治理水平明显高于境内上市国有企业，且公司治理水平与资本错配程度之间具有明显的相关关系；另一方面，第三章分析表明境外上市国有企业资本错配程度明显偏低。基于此，本书做出猜想：国有企业境外上市资本错配纠正效应的产生是否得益于公司治理水平提升？研究思路如图 6－1 所示。

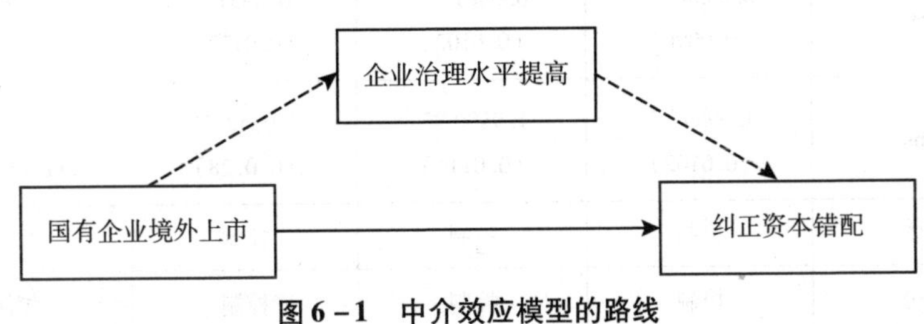

图 6－1　中介效应模型的路线

资料来源：笔者自制。

为检验图 6－1 中国有企业境外上市是否会通过对公司治理水平产生影响而起到纠正资本错配的效果，本书根据 Baron 和 Kenny（1986）提出的研究方法，构建如下中介效应模型进行检验。

$$\ln\tau_{it} = \beta_0 + \beta_1 list_{it} + \beta\Gamma_{it} + \mu_i + v_t + \varepsilon_{it} \quad (6-3)$$

$$\ln CGL_{it} = \gamma_0 + \gamma_1 list_{it} + m_i + n_t + \kappa_{it} \quad (6-4)$$

$$\ln\tau_{it} = \alpha_0 + \alpha_1 list_{it} + \alpha_2 \ln CGL_{it} + \alpha\Pi_{it} + z_i + w_t + \psi_{it} \quad (6-5)$$

式（6－3）为第五章检验国有企业境外上市资本错配纠正效应的模型，式（6－3）至式（6－5）中，$\ln\tau_{it}$ 为被解释变量，$list_{it}$ 为核心解释变量，$\ln CGL_{it}$ 为中介变量，Γ_{it} 和 Π_{it} 分别为式（6－3）和式（6－4）中的控制变量，μ_i、m_i 和 z_i 为个体固定效应，v_t、n_t 和 w_t 为时间固定效应，ε_{it}、κ_{it} 和 ψ_{it} 表示

随机扰动项，i 表示本书涉及的国有企业，t = 2008，2009，…，2018。式（6-5）中，中介变量（$lnCGL_{it}$）为国有企业治理水平的对数值，由本章第一节测算得到。除此之外，本书各变量的设置情况与第五章保持一致。

上述三个模型中，式（6-3）回归结果已经在第五章中完成，本部分采用相同的研究方法（LSDV 法）分别对式（6-4）和式（6-5）进行回归。同时，为便于后续说明，本书将式（6-3）至式（6-5）依次称为效应模型、中介模型和混合模型。

二、中介模型回归结果

中介模型用于检验国有企业境外上市是否具有促进企业治理水平提升的效果，其回归结果如表 6-14 所示。

表 6-14　中介模型的回归结果

变量	模型（1）	模型（2）	模型（3）	模型（4）
list	0.0358*** （0.0090）	0.0361*** （0.0102）	0.0331* （0.0177）	0.0137 （0.0140）
cons	1.9954*** （0.0102）	1.9890*** （0.0114）	2.0242*** （0.0228）	2.1044*** （0.0080）
个体	控制	控制	控制	控制
年份	控制	控制	控制	控制
观测值	1221	1006	215	599
F 值	370.11	401.74	67.44	218
Prob > F	0.0000	0.0000	0.0000	0.0000
R^2	0.5350	0.5400	0.5310	0.6266
Root MSE	0.0966	0.0969	0.0948	0.0567

注：*、**、*** 分别表示在 10%、5%、1% 的显著性水平下通过检验，括号内数值为稳健标准误。

资料来源：Stata 统计输出。

表 6-14 中，模型（1）至模型（4）分别为以境外上市与境内上市、H 股上市与 A 股上市、H+N 股上市与 A 股上市、H 股上市与 H+N 股上市国有

企业为样本对中介模型的回归结果，其中，模型（1）和模型（2）中，核心解释变量（list）均在1%的显著性水平下通过检验，模型（3）中核心解释变量也在10%的水平下显著，模型（4）则未通过检验。研究结果表明：一方面，与境内上市相比，国有企业到境外上市能够达到促进企业治理水平提高的效果；更进一步讲，与A股上市相比，国有企业选择在H股上市或者在H+N股交叉上市，均能起到提高企业治理水平的作用；另一方面，与在H股上市相比，H+N股交叉上市对国有企业治理水平提升的促进作用并不明显。

三、混合模型回归结果

与前述保持一致，本部分依次以境外上市与境内上市、H股上市与A股上市、H+N股上市与A股上市、H股上市与H+N股上市的国有企业为样本对混合模型进行回归分析，回归结果分别如表6-15至表6-18所示。

表6-15　　境外上市与境内上市的回归结果（混合模型）

变量	模型（1）	模型（2）	模型（3）	模型（4）	模型（5）	模型（6）	模型（7）
list	-0.3186*** (0.0966)	-0.3341*** (0.0927)	-0.3255*** (0.0969)	-0.3435*** (0.0933)	-0.3488*** (0.0969)	-0.3440*** (0.0942)	-0.3492*** (0.0975)
lnCGL	-0.5280** (0.2037)	-0.5268** (0.2053)	-0.5330** (0.2046)	-0.5318** (0.2065)	-0.5203** (0.2024)	-0.5406** (0.2081)	-0.5290** (0.2041)
lnsize	0.0863*** (0.0160)	0.0917*** (0.0160)	0.0916*** (0.0159)	0.0981*** (0.0158)	0.1022*** (0.0186)	0.0982*** (0.0159)	0.1024*** (0.0187)
lnage	—	0.0488 (0.0689)	—	0.0558 (0.0688)	0.0569 (0.0685)	0.0551 (0.0688)	0.0561 (0.0684)
risk	—	—	-0.1529* (0.0884)	-0.1597* (0.0887)	-0.2324 (0.1626)	-0.1598* (0.0888)	-0.2355 (0.1632)
roa	—	—	—	—	-0.3537 (0.5078)	—	-0.3696 (0.5128)
gro	—	—	—	—	—	0.0002 (0.0005)	0.0003 (0.0005)

续表

变量	模型（1）	模型（2）	模型（3）	模型（4）	模型（5）	模型（6）	模型（7）
_cons	0.3910 (0.3838)	0.2734 (0.4155)	0.4641 (0.3914)	0.3329 (0.4217)	0.3406 (0.4251)	0.3520 (0.4247)	0.3610 (0.4285)
个体	控制	控制	控制	控制	控制	控制	控制
年份	控制	控制	控制	控制	控制	控制	控制
观测值	1221	1221	1221	1221	1221	1220	1220
Prob > F	0.0000	0.0000	0.0000	0.0000	0.0000	0.0000	0.0000
R^2	0.0880	0.0895	0.0932	0.0950	0.0964	0.0956	0.0971
Root MSE	0.5256	0.5254	0.5243	0.5240	0.5238	0.5243	0.5241

注：*、**、*** 分别表示在10%、5%、1%的显著性水平下通过检验，括号内数值为稳健标准误。

资料来源：Stata统计输出。

表6-16　H股上市与A股上市的回归结果（混合模型）

变量	模型（1）	模型（2）	模型（3）	模型（4）	模型（5）	模型（6）	模型（7）
list	-0.3112*** (0.1044)	-0.3288*** (0.0987)	-0.3164*** (0.1049)	-0.3363*** (0.0994)	-0.3361*** (0.1036)	-0.3361*** (0.1003)	-0.3362*** (0.1043)
lnCGL	-0.7031*** (0.2350)	-0.7028*** (0.2377)	-0.7025*** (0.2358)	-0.7022*** (0.2388)	-0.7027*** (0.2330)	-0.7136*** (0.2412)	-0.7133*** (0.2355)
lnsize	0.0884*** (0.0169)	0.0957*** (0.0164)	0.0921*** (0.0172)	0.1006*** (0.0165)	0.1004*** (0.0208)	0.1005*** (0.0166)	0.1006*** (0.0208)
lnage	—	0.0638 (0.0762)	—	0.0703 (0.0761)	0.0703 (0.0764)	0.0693 (0.0762)	0.0693 (0.0764)
risk	—	—	-0.1025 (0.0921)	-0.1135 (0.0911)	-0.1110 (0.1774)	-0.1127 (0.0912)	-0.1142 (0.1780)
roa	—	—	—	—	0.0114 (0.5753)	—	-0.0069 (0.5812)
gro	—	—	—	—	—	0.0004 (0.0005)	0.0004 (0.0005)

续表

变量	模型（1）	模型（2）	模型（3）	模型（4）	模型（5）	模型（6）	模型（7）
_cons	0.7199 (0.4453)	0.5690 (0.4929)	0.7617 (0.4513)	0.5998 (0.4970)	0.6000 (0.4955)	0.6248 (0.5015)	0.6247 (0.5005)
个体	控制	控制	控制	控制	控制	控制	控制
年份	控制	控制	控制	控制	控制	控制	控制
观测值	1006	1006	1006	1006	1006	1005	1005
Prob > F	0.0000	0.0000	0.0000	0.0000	0.0000	0.0000	0.0000
R^2	0.0874	0.0898	0.0897	0.0927	0.0927	0.0935	0.0935
Root MSE	0.5465	0.5461	0.5461	0.5455	0.5458	0.5458	0.5461

注：*、**、*** 分别表示在10%、5%、1%的显著性水平下通过检验，括号内数值为稳健标准误。

资料来源：Stata 统计输出。

从表6-15和表6-16的回归结果看，模型（1）至模型（7）解释变量（list）在1%的显著性水平下通过检验且符号为负，结果与第五章基本一致；公司治理水平变量（lnCGL）在表6-15和表6-16中分别在5%和1%的水平下显著，其符号为负，该结果表明：公司治理水平提升能够促进国有企业降低资本错配程度。

表6-17　　H+N股上市与A股上市的回归结果（混合模型）

变量	模型（1）	模型（2）	模型（3）	模型（4）	模型（5）	模型（6）	模型（7）
list	-0.3280 (0.2436)	-0.2483 (0.2656)	-0.3595 (0.2433)	-0.2854 (0.2673)	-0.3082 (0.2621)	-0.2984 (0.2673)	-0.3092 (0.2615)
lnCGL	0.3088 (0.2553)	0.3179 (0.2592)	0.1749 (0.2382)	0.1840 (0.2414)	0.1384 (0.2584)	0.1580 (0.2380)	0.1363 (0.2570)
lnsize	0.0733* (0.0405)	0.0554 (0.0440)	0.0973* (0.0469)	0.0806 (0.0496)	0.0881* (0.0505)	0.0835 (0.0498)	0.0883* (0.0504)
lnage	—	-0.1015 (0.1195)	—	-0.0941 (0.1490)	-0.1179 (0.1404)	-0.0959 (0.1512)	-0.1177 (0.1409)

续表

变量	模型（1）	模型（2）	模型（3）	模型（4）	模型（5）	模型（6）	模型（7）
risk	—	—	-0.5716 (0.4091)	-0.5687 (0.4081)	-0.8324* (0.4710)	-0.5678 (0.4150)	-0.8285* (0.4774)
roa	—	—	—	—	-1.7953*** (0.5826)	—	-1.7698*** (0.6147)
gro	—	—	—	—	—	-0.0055** (0.0022)	-0.0006 (0.0018)
_cons	-1.1991** (0.5033)	-0.9463* (0.4938)	-0.7326 (0.4879)	-0.5005 (0.5507)	-0.2162 (0.5956)	-0.4626 (0.5686)	-0.2162 (0.5972)
个体	控制	控制	控制	控制	控制	控制	控制
年份	控制	控制	控制	控制	控制	控制	控制
观测值	215	215	215	215	215	215	215
Prob > F	0.0004	0.0003	0.0000	0.0000	0.0000	0.0000	0.0000
R^2	0.1135	0.1183	0.1763	0.1805	0.2319	0.1880	0.2320
Root MSE	0.4188	0.4187	0.4047	0.4046	0.3927	0.4038	0.3937

注：*、**、*** 分别表示在10%、5%、1%的显著性水平下通过检验，括号内数值为稳健标准误。

资料来源：Stata 统计输出。

表 6-18　　H 股上市与 H+N 股上市的回归结果（混合模型）

变量	模型（1）	模型（2）	模型（3）	模型（4）	模型（5）	模型（6）	模型（7）
list	-0.0094 (0.1515)	-0.0249 (0.1607)	-0.0703 (0.1453)	-0.0919 (0.1549)	-0.1217 (0.1551)	-0.0915 (0.1551)	-0.1210 (0.1553)
lnCGL	-1.6622* (0.9816)	-1.6356 (0.9962)	-1.8815* (0.9531)	-1.8472* (0.9657)	-1.7052* (0.9537)	-1.8450* (0.9655)	-1.6986* (0.9552)
lnsize	0.1131*** (0.0255)	0.1191*** (0.0281)	0.1531*** (0.0297)	0.1616*** (0.0309)	0.1722*** (0.0332)	0.1623*** (0.0318)	0.1718*** (0.0336)
lnage	—	0.0473 (0.1399)	—	0.0644 (0.1425)	0.0732 (0.1412)	0.0629 (0.1429)	0.0707 (0.1415)

续表

变量	模型（1）	模型（2）	模型（3）	模型（4）	模型（5）	模型（6）	模型（7）
risk	—	—	-0.7120** (0.3306)	-0.7185** (0.3304)	-0.9692** (0.3783)	-0.7265** (0.3363)	-0.9781** (0.3792)
roa	—	—	—	—	-1.7376* (1.0215)	—	-1.8226* (1.0374)
gro	—	—	—	—	—	-0.0002 (0.0007)	0.0005 (0.0004)
_cons	2.2769 (1.9113)	2.0902 (2.0304)	2.9242 (1.8459)	2.6762 (1.9716)	2.4941 (1.9679)	2.6749 (1.9707)	2.4960 (1.9705)
个体	控制	控制	控制	控制	控制	控制	控制
年份	控制	控制	控制	控制	控制	控制	控制
观测值	599	599	599	599	599	598	598
Prob > F	0.0053	0.0052	0.0014	0.0010	0.0044	0.0000	0.0000
R^2	0.0837	0.0844	0.1171	0.1182	0.1290	0.1191	0.1303
Root MSE	0.6518	0.6522	0.6404	0.6405	0.6371	0.6413	0.6378

注：*、**、***分别表示在10%、5%、1%的显著性水平下通过检验，括号内数值为稳健标准误。

资料来源：Stata统计输出。

表6-17和表6-18依次为以H+N股上市与A股上市、H股上市与H+N股上市国有企业为研究样本对混合模型进行回归的结果。其中，解释变量（list）在两组样本中均未通过统计显著性检验，依次表明：与A股上市相比，国有企业在H+N股交叉上市的资本错配纠正效应不显著；与H股上市相比，国有企业在H+N股交叉上市的资本错配纠正效果也不明显，该结论与第五章一致。此外，表6-17中公司治理水平（lnCGL）不具备统计显著性；表6-18中公司治理水平（lnCGL）在10%的显著性水平下通过检验，表明在该组样本中，公司治理水平提升能够促进国有企业优化资本配置。

第四节 机制分析

本节基于中介效应模型检验步骤，从境外上市与境内上市、H股上市与A

股上市、H+N股上市与A股上市、H股上市与H+N股上市四个维度分析国有企业境外上市纠正资本错配的机制。

一、中介效应模型的检验步骤

依据温忠麟和叶宝娟（2014）、赵昕东和刘成坤（2019）、张原（2018）介绍的中介效应模型检验步骤，本书通过如下检验步骤对中介效应模型进行检验：

第一步：效应模型中的系数 β_1，判断其是否通过统计显著性检验。当 β_1 具有统计显著性时，则以按照中介效应进行分析，否则需要以遮掩效应立论。但是，无论 β_1 是否显著，均需要进行后续检验；

第二步：分别检验中介模型中的系数 γ_1 和混合模型中的系数 α_2，若二者均通过统计显著性检验，则判定间接效应显著，转入第四步；如若至少有一个不显著，则进入第三步检验；

第三步：通过Sobel法对待检假设 H_0：$\gamma_1\alpha_2=0$ 进行检验，若显著，则认为间接效应显著，转入第四步；若不显著，则停止分析；

第四步：对混合模型中的系数 α_1 进行检验，若不显著，则判定得出间接效应不显著，表明只有中介效应；若显著，则认为直接效应显著，进行第五步检验；

第五步：比较 $\gamma_1\alpha_2$ 和 α_1 的符号，如果同号，属于部分中介效应，报告中介效应占总效应的比例（$\gamma_1\alpha_2/\beta_1$）；如果异号，属于遮掩效应，报告间接效应与直接效应比例的绝对值 $|\gamma_1\alpha_2/\alpha_1|$。

中介效应模型的检验步骤可以由图6-2表示。

二、中介效应模型的检验结果

依据上述中介效应模型检验步骤，可得国有企业在境外上市与境内上市、H股上市与A股上市、H+N股上市与A股上市、H股上市与H+N股上市的中介效应模型检验结果。根据表6-14、表6-15和表6-16的回归结果，系数 γ_1、α_2 和 α_1 均显著，在此基础上通过对比 $\gamma_1\alpha_2$ 和 α_1 的符号得到，在境外上市与境内上市、H股上市与A股上市国有企业资本错配纠正效应的产生存在中介效应，其检验结果如表6-19所示。

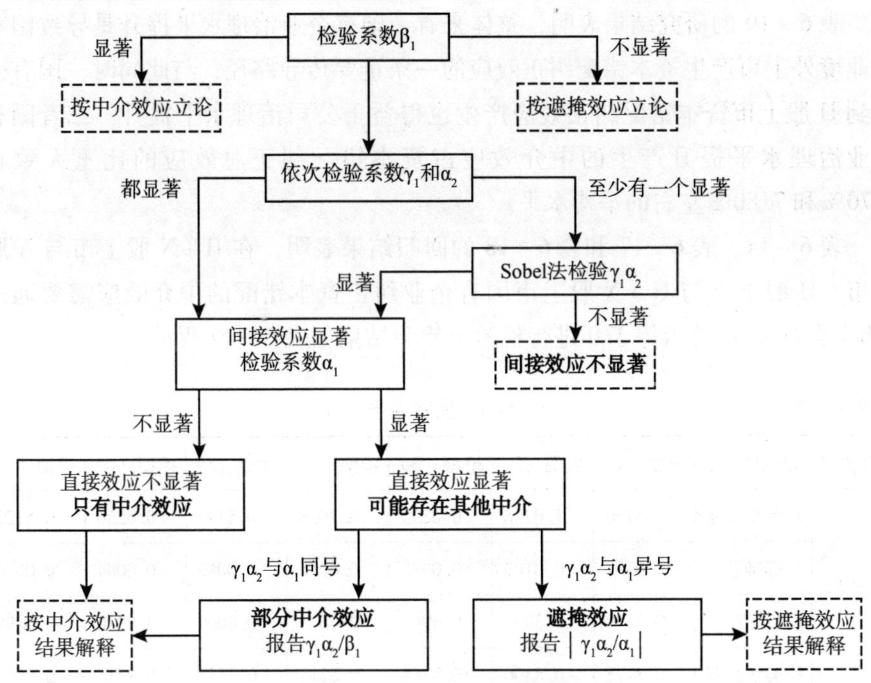

图 6－2　中介效应模型的检验步骤

资料来源：温忠麟，叶宝娟．中介效应分析：方法和模型发展［J］．心理科学进展，2014（5）：738.

表 6－19　　　　中介效应模型的检验结果

上市地点	变量	模型（1）	模型（2）	模型（3）	模型（4）	模型（5）	模型（6）	模型（7）
境外＋境内	γ_1	0.0358	0.0358	0.0358	0.0358	0.0358	0.0358	0.0358
	α_2	－0.5280	－0.5268	－0.5330	－0.5318	－0.5203	－0.5406	－0.5290
	β_1	－0.3176	－0.3302	－0.3251	－0.3405	－0.3471	－0.3346	－0.3407
	$\gamma_1\alpha_2$	－0.0189	－0.0189	－0.0191	－0.0190	－0.0186	－0.0194	－0.0189
	$\gamma_1\alpha_2/\beta_1$	5.95%	5.71%	5.87%	5.59%	5.37%	5.78%	5.56%
H股＋A股	γ_1	0.0361	0.0361	0.0361	0.0361	0.0361	0.0361	0.0361
	α_2	－0.7031	－0.7028	－0.7025	－0.7022	－0.7027	－0.7136	－0.7133
	β_1	－0.3115	－0.3254	－0.3173	－0.3338	－0.3355	－0.3271	－0.3286
	$\gamma_1\alpha_2$	－0.0254	－0.0254	－0.0254	－0.0253	－0.0254	－0.0258	－0.0258
	$\gamma_1\alpha_2/\beta_1$	8.15%	7.80%	7.99%	7.59%	7.56%	7.88%	7.84%

资料来源：Stata 统计输出。

表6－19的研究结果表明，整体来看，国有企业治理水平提升是导致国有企业境外上市产生资本错配纠正效应的一条重要传导路径；与此同时，国有企业到H股上市资本错配纠正效应产生也得益于公司治理水平提升。二者国有企业治理水平提升产生的中介效应占资本错配纠正总效应的比重大致在5.70%和7.80%左右的平均水平。

表6－14、表6－17和表6－18的回归结果表明，在H＋N股上市与A股上市、H股上市与H＋N股上市国有企业纠正资本错配的中介效应需要通过Sobel法对$\gamma_1\alpha_2$是否等于0进行检验，检验结果如表6－20所示。

表6－20　Sobel检验结果

上市地点	Sobel检验	模型（1）	模型（2）	模型（3）	模型（4）	模型（5）	模型（6）	模型（7）
H＋N股与A股	检验统计量	1.0156	1.0256	0.6835	0.7058	0.5149	0.6256	0.5102
	标准差	0.0101	0.0103	0.0085	0.0086	0.0089	0.0084	0.0088
	p值	0.3098	0.3051	0.4943	0.4803	0.6066	0.5316	0.6099
H股与H＋N股	检验统计量	－0.8473	－0.8406	－0.8768	－0.8712	－0.8584	－0.8710	－0.8573
	标准差	0.0269	0.0267	0.0294	0.0290	0.0272	0.0290	0.0271
	p值	0.3968	0.4006	0.3806	0.3837	0.3907	0.3838	0.3913

资料来源：Stata统计输出。

关于Sobel检验结果的判断，本书参照潘彬和金雯雯（2017）的判断标准，认为中介效应Sobel检验结果与标准正态分布不同，在对$\gamma_1\alpha_2$是否等于0的检验过程中，5%的显著性水平所对应的临界值大致为0.97。通过该判断标准，在H＋N股上市与A股上市以及在H股上市与H＋N股上市的国有企业不存在由治理水平提升传导产生的资本错配纠正效应。

三、结果分析

（一）国有企业治理水平提升与资本错配纠正

实证研究结果表明，从整体上看，国有企业境外上市资本错配纠正效应的产生在一定程度上受公司治理水平提升的中介效应影响。具体到不同上市地点看，香港上市的国有企业资本错配纠正效应的产生明显受公司治理水平提升影响。

这一传导机制表明，从境外上市与境内上市、H 股上市与 A 股上市两个维度看，国有企业境外上市资本错配纠正效应的产生符合第二章中所述主流企业境外上市理论。

首先，从“绑定假说”角度看，国有企业到香港上市的过程即为与香港证券市场的法律、声誉等进行绑定的过程，香港证券市场历时百年以上发展，各项法律法规、制度体系、配套设施已经十分完善，香港联合交易所制定的《上市规则》也比我国的公司法完善。国有企业通过到香港证券市场上市，与之进行“法律绑定”与“声誉绑定”，能够显著地促进其信息披露水平提升，其中，境外上市国有企业中经由四大会计师事务所审计的企业数目明显高于境内即为有力的证明。通过前文分析，信息披露是影响公司治理水平的重要因素，信息披露水平的提高能显著促进公司治理水平提升。由此使得在香港上市的国有企业资本错配纠正效应的产生会得益于公司治理水平提升的中介作用。

其次，从“市场分割假说”和“投资者认知假说”理论出发可以看出，国有企业到境外上市的过程（以香港地区为主）即为打破资本市场“分割”状态，使股票流动范围由中国境内扩大至境外的过程。随着市场分割状态打破，股票流动性增强，投资者基数也进一步增大。前文的结果已经表明高度集中的股权对于公司治理水平提升具有不利影响，国有企业到香港上市这一过程切实为分散国有企业股权提供了重要的外部条件。另一方面，国有企业境外上市行为使得投资者对国有企业的认知程度提升，随着认知程度逐步提升，会进一步促使投资者基数扩大，该过程显然会起到分散国有企业经营风险、降低国有企业股权集中度的效果。更进一步讲，国有企业公司治理水平也因股权集中度降低而得以提升，最终发挥纠正资本错配的中介作用。

从“流动性假说”维度看，国有企业境外上市能够提高股票流动性，香港《上市规则》对于中国上市国有企业的弹性调整会促使股票流动性增强。国有企业内部道德风险和逆向选择问题也会因股票流动性增强而得以解决。换言之，股票流动增强能够缓解国有企业委托人与代理之间的“委托代理冲突”，从而使得境外上市国有企业公司治理水平得到提升。显然，该过程亦伴随着国有企业资本错配问题的纠正，由此使得国有企业资本错配纠正效应产生受到公司治理水平提升的影响。

结合“投资者保护假说”可知，香港证券市场对投资者的保护程度明显高于中国境内。投资保护程度高的证券市场更有利于企业建立声誉机制。从公司治理角度看，企业良好的声誉机制能够促进企业董事会与监事会体制建设进一步完善，助力企业内部经理层、董事会与监事会形成完善的监督约束机制，而这些即为公司治理水平提升的过程。受此影响，中国国有企业通过到投资保护程度高的香港证券市场上市，会实现国有企业声誉机制、董事会与监事会治理体制建设向更加完善的方向发展，该过程将有助于提升在香港上市国有企业的公司治理水平，从而进一步解决国有企业资本错配问题。

（二）H+N股交叉上市与“逃避理论”

通过前述分析发现，从H+N股上市与A股上市、H股上市与H+N股上市的角度看，国有企业在境外交叉上市无法因提升公司治理水平而产生明显的资本错配纠正效应。从企业境外上市理论角度看，该结论并不符合第二章所提及的“绑定假说”“市场分割假说”“流动性假说”“投资者认知假说”“投资者保护假说”等主流企业境外上市理论。

从国内外相关学者的研究来看，利希特（Licht，2003）针对该现象提出了“逃避理论”，随后西格尔（Siegel，2005）、鲁兹（Leuz，2006）也从实践角度检验了该理论的正确性。“逃避理论”认为，提升公司治理水平在很多情况下并不是企业选择境外上市的主要动机，企业出于提升国际知名度抑或基于对其他方面的考量而选择到境外发达的证券市场上市。显然，中国国有企业在H+N股交叉上市的行为可以由“逃避理论”来解释，即国有企业到境外交叉上市的主要动机并非是提升公司治理水平。

另外，前述分析指出美国证券市场复杂和严格的法律制度体系要求到美国上市的国有企业支付较高的“遵循成本”，受该因素影响，中国国有企业在美国与中国香港交叉上市的资本错配纠正效应并不显著。结合“逃避理论”看，提高企业知名度应该是国有企业在中国香港和美国交叉上市的主要动机，而实现公司治理水平提升只是其次要动机。由此使得国有企业在境外交叉上市过程中无法通过公司治理水平提升的中介作用对资本错配现象进行有效纠正。

第五节　本章小结

在前文分析的基础上，本章首先通过因子分析法系统构建了包括股权、董事会、监事会、经理层、信息披露和高管激励6个一级指标和11个二级指标的公司治理水平测度指标体系，对2008~2018年境外上市和境内上市各国有企业的公司治理水平进行了测度，测算结果表明：境外上市与境内上市国有企业公司治理水平多数位于8.0~9.0的区间范围内，但公司治理水平在8.5以上的实验组国有企业数目明显高于对照组，即境外上市国有企业的公司治理水平高于境内上市国有企业。

在此基础上，本章结合境外上市纠正国有企业资本错配的特征事实、原因以及公司治理水平测算结果，构建了以资本错配程度为被解释变量、国有企业境外上市行为为核心解释变量、公司治理水平为中介变量的中介效应模型。依次从境外上市与境内上市、H股上市与A股上市、H+N股上市与A股上市、H股上市与H+N股上市四个维度检验了国有企业境外上市的资本错配纠正效应是否受公司治理水平的中介变量影响。实证研究结果显示：第一，从全样本角度看（即境外上市与境内上市），国有企业境外上市资本错配纠正效应的产生得益于公司治理水平提升的中介效应；第二，具体到不同上市地点看，国有企业在香港上市的资本错配纠正效应也在很大程度上受公司治理水平提升的中介效应影响；第三，尚无明显证据表明国有企业在境外交叉上市会因公司的治理水平提升而产生资本错配纠正效应。

从经济学理论角度看，在境外上市与境内上市、H股上市与A股上市两个维度上，国有企业境外上市纠正资本错配的机制符合第二章中的理论阐释，即其可以通过"绑定假说""市场分割假说""投资者认知假说""流动性假说""投资者保护假说"得到解释；而从H+N股上市与A股上市、H股上市与H+N股上市的角度看，国有企业境外交叉上市行为似乎更符合利希特在2003年提出的"逃避理论"，即国有企业产生境外交叉上市行为更多源自企业的其他方面动机，而促进公司治理水平提升只是其次要动机，受此影响使得中介效应检验结果不具备统计显著性。

第七章
结论与启示

第一节　结　　论

国有企业是国民经济健康发展的重要载体，也是中国高质量发展进程中需要重点关注的主体。在经济全球化日益深化，中国深度融入经济全球化浪潮的背景下，国有企业境外上市行为已经司空见惯。尽管国有企业改革始终贯穿于改革开放进程之中，且在改革开放四十年中，中国一直在践行国有企业"竞争中性原则"，但依旧存在一定的差距。从微观经济学角度看，完全竞争市场只是经济学领域抽象出的一种理想化市场模式，现实社会中或多或少的干预因素导致资本错配问题或多或少地存在于各个国家的各种所有制经济中，因此提高资本配置效率、纠正资本配置过程中的价格扭曲，是微观经济学始终力求实现的目标。

基于此，本书在系统梳理绑定假说、市场分割假说、投资者认知假说、流动性假说和投资者保护假说五个企业境外上市理论假说具体内容的基础上，结合资本配置理论构建了国有企业境外上市纠正资本错配的理论框架，并以1991～2008年中国在境外上市的57家国有企业为研究对象（实验组），同时与实验组各国有企业上市地点和上市时间进行匹配，选取了同时期在中国境内上市的57家国有企业为对照组。通过定性分析与定量分析、规范分析与实证分析相结合的方法，系统分析了国有企业境外上市的资本错配纠正效应，得到如下主要结论。

首先，通过直接测度方法结合柯布—道格拉斯生产函数构建了国有企业资本错配测度的理论模型，并通过固定效应模型从全样本、实验组、对照组三个方面测算了资本和劳动的产出弹性，研究发现，境外上市国有企业对资本变化率反应的敏感程度明显低于境内上市国有企业。在此基础上，结合资本错配指数测算公式，得到实验组与对照组各国有企业2008～2018年的资本错配程度，通过对比分析发现：境外上市国有企业资本错配指数变动相对稳定，且显著低于境内上市国有企业。基于此，初步判定国有企业境外上市能够在一定程度上对资本错配问题进行纠正。其次，将实验组与对照组国有企业根据上市地点划分，通过求取算术平均值得到不同上市地点国有企业的资本错配程度，并从境外上市与境内上市、H股上市与A股上市、H+N股上市与A股上市、H股上市与H+N股上市四个维度对比分析了不同上市地点国有企业资本错配程度的差异，结果表明：（1）从整体角度看，即通过对比境外上市与境内上市国有企业资本错配程度的差异发现，境外上市国有企业资本错配程度明显偏低；（2）与A股上市相比，H股上市国有企业资本错配程度更低；（3）境外交叉上市（H+N股）与A股上市国有企业资本错配指数呈现出交错变化特征，且近些年A股上市国有企业资本错配程度要低于境外交叉上市国有企业；（4）与H股上市国有企业比，境外交叉上市（H+N股）国有企业资本错配程度明显偏高。由此判定得出，整体来看，国有企业境外上市能够对资本错配现象进行纠正；具体到不同上市地点看，国有企业到香港上市的资本错配纠正效果更明显，而境外交叉上市对于促进国有企业资本配置效率提升的效果可能并不明显。

其次，结合以上国有企业境外上市纠正资本错配的特征事实，从宏观因素、微观因素和其他因素三个维度对国有企业境外上市纠正资本错配的原因进行了探究。从宏观原因看：一方面，由于中国境内证券市场存在制度缺陷，直接导致了境内上市国有企业信息披露质量不高和信息不对称问题，从而对国有企业资本配置产生影响，诱发了国有企业资本错配问题；另一方面，境外证券市场相对严格和完善的信息披露体系，能够倒逼国有企业按照境外证券市场要求进行相应改革，即国有企业在境外上市就必须按照当地证券市场标准对信息进行披露，在完备的制度体系下国有企业资本配置效率得以提升。此外，通过对证券化率进行分析发现，中国香港和美国证券市场发展程度也均高于中国境内证券市场，发达的证券市场更有助于纠正国有企业的资本价格扭曲问题；与此同时，中国境内相对滞后的利率市场化程度，导致了国有企业与私营企业在银行信贷支持上存在差异，国有企业资本配置效率因此降低，而境外相对发达的资本市场能够在一定程度上保证不同所有制企业享受同等价格的信贷支持，助力国有企业资本配置效率提高。在微观方面有：（1）从股权集中度角度看，境外上市国有企业股权集中度明显低于境内上市国有企业，数据显示，2008～2018年二者的均值水平分别为2.69和26.93，分散的股权结构促进了资本配置效率提升；（2）就董事会和监事会的构成情况来看，无论是董事会规模、独立董事规模还是监事会规模，境外上市国有企业均高于境内上市国有企业，即境外上市国有企业公司治理机制相对更完善，董事会、监事会与经理层之间监督约束机制更健全，从而有助于纠正资本错配问题；（3）从经理层监督约束机制看，相对成熟的境外资本市场具有较之境内更健全的监督约束机制，能够有效缓解"委托代理冲突"，从而显著提升国有企业资本配置效率；（4）在信息披露质量方面，50%以上的境外上市国有企业经由四大会计师事务所提供审计服务，而境内上市国有企业占比仅为5%～8%，境外上市国有企业信息披露质量明显高于境内上市国有企业，该原因使得境外上市国有企业资本价格扭曲程度更低；（5）从高管激励标准看，境外上市国有企业监管层前三名薪酬总额、董事前三名薪酬总额和高管前三名薪酬总额分别是境内上市国有企业的1.89倍、1.87倍和1.91倍，相对较高的高管激励标准有效地削弱了经营管理者为谋求个人利益而损害股东利益的动机，为资本配置效率提升提供了保障。此外，从企业声誉和消费者偏好角度来看，国有企业境外上市有助于其提高企业知名度，促进其竞争力提升，吸引消费者增加对产品的关注度，进一步促进国有企业利润增加，实现资金高效运转，使得资本错配问题得到有效纠正。

再次，在对国有企业境外上市纠正资本错配特征事实、原因分析的基础上，进一步从实证角度出发，通过LSDV分析方法依次检验了境外上市与境内上市、H股上市与A股上市、H+N股上市与A股上市、H股上市与H+N股上市国有企业的资本错配纠正效应。研究结果表明：（1）从整体上看，国有企业境外上市能够起到纠正资本错配的效果；（2）从国有企业不同境外上市地点看，国有企业在香港上市的资本错配纠正效应显著，而在中国香港和美国交叉上市的资本错配纠正效应并不明显；（3）与香港上市国有企业比，国有企业进一步到美国交叉上市的资本错配纠正效应也不具备统计显著性。导致上述结论的主要原因包括：其一，从整体视角看，国有企业到境外上市能够解决国有企业改革进程中的诸多问题，如政企不分、代理人选择、所有者缺位等，其资本错配问题会随这些问题的解决而得到纠正；其二，香港上市国有企业资本错配纠正效应显著的关键原因在于香港与中国内地的联系较之其他国家和地区更加紧密，且香港联交所《上市规则》会针对中国内地的具体情况进行弹性调整，而美国证券市场起主导作用的《2002年萨班斯—奥克斯利法案》要求极其严苛，使得在美国上市的企业需要支付高昂的“遵循成本”，由此使得在美国和中国香港交叉上市国有企业的资本错配纠正效应并不显著。此外，无论是从全样本角度看，还是具体到H股上市与A股上市、H+N股上市与A股上市、H股上市与H+N股上市的对比分析中，国有企业规模扩大均会对资本错配纠正产生不利影响，其原因主要在于国有企业的特殊性导致“利润最大化准则”在国有企业中并不适用，直接导致了国有企业规模过度扩张，并形成产能过剩格局；加之国有企业预算约束软化、内部控制和激励相容机制不健全等多方面因素的交织影响，使得国有企业规模扩张对资本错配纠正具有不利影响。更进一步讲，在充分考虑内生性问题和异常值的影响后，研究结论依旧稳健，表明上述结论具有科学性与可信性。

最后，通过因子分析法系统构建了包括股权、董事会、监事会、经理层、信息披露和高管激励6个一级指标和11个二级指标的公司治理水平测度指标体系，对实验组和对照组2008~2018年各国有企业的公司治理水平进行了测度。研究表明：境外上市国有企业公司治理水平显著高于境内上市国有企业。在此基础上本书通过灰色关联分析法对国有企业公司治理水平与资本错配程度的相关性进行了判断，结果表明二者具有较强的相关关系。在此基础上，本书构建了以公司治理水平为中介变量的中介效应模型，依次以境外上市与境内上市、H股上市与A股上市、H+N股上市与A股上市、H股上市与H+N股上市的国有企业为研究样本，检验了国有企业境外上市的资本错配纠正效应产生是否得益于境外上市导致的公司治理水平提升。研究结果表明：（1）从全样本角度看，国有企业境外上市资本错配纠正效应的产生明显受公司治理水平提升的中介效应影响；具体到不同上市地点看，香港上市国有企业资本错配纠正效应的产生明显受公司治理水平提升的影响；（2）从H+N股上市与A股上市、H股上市与H+N股上市角度看，国有企业在境外交叉上市无法因公司治理水平提升而产生明显的资本错配纠正效果。上述研究结论表明，在境外上市与境内上市、H股上市与A股上市两个维度上，国有企业境外上市的资本错配纠正效应产生符合“绑定假说”“市场分割假说”“投资者认知假说”“流动性假说”“投资者保护假说”等主流企业境外上市理论；而境外交叉上市的资本错配纠正效应与上述理论不符，其更符合利希特在2003年提及的“逃避理论”，即提升公司治理水平并不是国有企业境外交叉上市的主要动机，由此使得其中介效应并不显著。

第二节 启 示

本书以中国国有企业为研究对象，通过对其境外上市行为的资本错配纠正效应进行研究，发现国有企业境外上市行为能够起到纠正资本错配的效果，且资本错配纠正效应受公司治理水平提升的中介效应影响。结合本书研究结论，可以得到如下启示。

一、国有企业境外上市地点的选择策略

从整体上看，国有企业到境外上市能够显著地促进资本配置效率提升，具有显著的资本错配纠正效应。但是具体到不同境外上市地点看，一方面国有企业在香港上市的资本错配纠正效应显著；另一方面，当具体到境外交叉上市时，境外交叉上市国有企业无论是与境内上市国有企业相比还是与香港上市国有企业相比，其资本配置效率的提升效果均不显著。中国国有企业在境外上市过程中需要慎重考量上市地点。

首先，中国国有企业在境外上市地点选择中需要优先考虑香港证券市场，其原因主要包括三个方面。其一，香港证券市场发展水平较高，从证券化率指标看，香港证券市场水平明显高于美国和中国内地，国有企业通过到香港证券市场上市，在上市过程中可以充分学习借鉴香港证券市场经验，达到提高公司治理水平的效果。其二，与在美国证券市场起主导作用的《2002 年萨班斯—奥克斯利法案》相比，香港联合交易所《上市规则》对内地国有企业的适用性更强，使得国有企业在香港上市过程需要支付的“调整成本”或“遵循成本”相对较低，从目前国有企业资本配置状况看，到香港证券交易所上市完全可以达到纠正国有企业资本错配的效果，即选择到香港证券市场上市是国有企业的最优选择。

其次，国有企业在美国上市的资本错配纠正效应并不显著的主要原因在于，《2002 年萨班斯—奥克斯利法案》过于严苛的条件导致国有企业在美国上市过程需要支付过高的“遵循成本”，这显然会对资本配置效率提升产生不利影响。从现有理论角度看，“逃避理论”对于解释在美上市国有企业行为似乎更具合理性，即国有企业在美国上市的主要动机并不是实现公司治理水平提升。这也进一步反映出，中国国有企业内部治理结构、信息披露质量与标准、

制度体系与美国证券市场的要求相比仍然存在着较大差距。从另一个角度看，这也对中国国有企业提出了更高要求：（1）中国企业在境外上市过程中，若出于对提高资本配置效率的考量，则需要慎重考量在美国证券市场上市的成本与收益；（2）与美国对上市公司的要求标准相比，中国境外上市国有企业与之存在较大差距，中国需要进一步深化改革、优化调整国有企业上市标准，尽早与国际通行标准接轨。

二、充分注重信息披露质量

信息披露质量无论是对于中国境内上市国有企业还是境外上市国有企业都是需要充分重视的问题。信息披露质量高低对外关乎企业声誉，对内则直接影响委托人与代理人之间的委托代理关系。“委托代理冲突”产生的根源即为信息不对称，这也是公司治理中需要切实关注的问题。由信息披露质量看，境外上市国有企业信息披露质量明显高于境内上市国有企业，一个突出表现即为经由四大会计师事务所审计的境外上市国有企业数目显著高于境内。及时准确地对公司的财务状况、经营成果、公司业绩等进行披露是上市公司必须履行的义务，这便要求境外上市与境内上市国有企业充分重视信息披露质量。

从中国境外上市国有企业信息披露质量看，尽管经由四大会计师事务审计的企业数目明显高于境内，但是仍然存在信息披露不充分、不及时等方面的问题。一方面原因在于境外上市国有企业的信息披露标准与当地证券市场标准相比仍然存在较大差距；另一方面，中国国有企业也确实存在对信息披露内容、标准了解不到位的客观情况。这就要求：（1）国有企业管理层必须高度重视信息披露对企业经营效果产生的影响，需要组织公司财务负责人、内部审计人员深入了解并学习境外证券市场对上市企业信息披露标准和质量的要求，委派专门负责人负责企业信息披露，及时准确地向社会公众、利益相关者报告企业状况；（2）进一步加强与利益相关者和证券分析师的沟通，定期对公司的经营状况、企业规划、企业愿景进行介绍，切实保证利益相关者的知情权；（3）聘请高级顾问及时解读宏观经济政策变动对公司的影响，并向社会公众公布企业的应对策略。

从境内上市国有企业信息披露质量看，其信息披露标准明显低于境外，这也是造成境内上市国有企业治理水平偏低的一个主要原因。因此提升境内上市国有企业公司治理水平可以从提高其信息披露质量入手。其一，中国境内证券市场信息披露标准需要充分借鉴境外发达证券市场的经验，通过引入国际标准健全境内上市公司信息披露体系。其二，中国境内证券市场需要积极引导并鼓励境内上市国有企业接受四大会计师事务所审计，通过高标准的信息披露要求倒逼国有企业提高信息披露质量。其三，境内上市国有企业可以进一步选择到香港证券市场上市，接受香港联合交易所《上市规则》信息披露标准，提高信息披露质量，进而提升公司治理水平。其四，切实需要注意的是，若国有企业选择到美国证券市场上市，则需要事前充分了解《2002 年萨班斯—奥克斯利法案》对在美上市公司的要求，按照法案要求完善公司治理体系，避免上市过程中因“遵循成本”过高而加重资本错配。

三、深化国有企业改革

中国需要进一步推进供给侧结构性改革部署，充分发挥市场在资源配置中的决定性作用，及时清理“僵尸”企业。一些已经失去生产能力的国有企业“存活”于市场中，会扭曲资本配置，该类企业规模扩张也必然会加剧资本错配现象。因此，中国需要进一步深化对国有企业的改革力度，更加及时和更具针对性地解决国有企业存在的问题，并通过“以开放促改革”的思路，提高国有企业资本配置效率。

同时进一步落实国际社会公认的“竞争中性原则”。“竞争中性原则”要求不同类型的企业享有平等的权利参与市场竞争。改革开放四十年以来，尽管中国一直在践行“竞争中性原则”，但是与预期目标还存在一定差距。具体到国有企业中，中国政府需要进一步引导国有企业到境外发达的证券市场上市，逐步减少对国有企业资本配置的干预，真正让市场发挥资本配置的决定性作用。使国有企业规模在市场的作用下回归正常水平，坚决避免政策干预导致国有企业规模盲目扩张。

四、提升公司治理水平是纠正资本错配的关键

实证研究结果表明，国有企业境外上市的资本错配纠正效应的产生在很大程度上受公司治理水平提升的中介效应影响，由此可得：纠正国有企业资本错配需要从提升公司治理水平入手。

通过前文的分析可知，股权、董事会与监事会构成、经理层、信息披露与高管激励为公司治理水平的主要影响因素。促进公司治理水平提升的关键在于充分关注这些因素的变化。

第一，需要推动上市国有企业股权多元化。从股权集中度角度看，尽管境外上市国有企业股权集中度已显著低于境内上市国有企业，但是依旧需要进一步推动股权结构向多元化和差异化方向发展。其一，境外上市国有企业已经在客观上形成了实现股权结构多元化的充分条件，在此基础上国有企业需要充分注重吸引国际著名跨国公司的投资者来扩大股东范围，从而达到分散国有企业风险的效果。其二，境外上市国有企业需要切实维护自身声誉，借助境外证券市场平台，吸引国际战略投资者投资中资国有企业，充分发挥战略投资者优势，实现国有企业多元化经营。其三，境外上市国有企业可以充分注重与国际著名公司开展业务合作，充分学习先进的治理理念、运营模式，借鉴其公司治理结构规程、制度体系以及成熟的管理经验，进一步完善国有企业股权结构，从而达到提升国有企业公司治理水平的目的。在今后的发展过程中，促进境内上市国有企业提升公司治理水平可以从如下几方面入手：（1）适度地引入民间资本，分散国有企业股权，实现股东来源多元化；（2）积极吸收并借鉴香港联合交易所《上市规则》和美国《2002 年萨班斯—奥克斯利法案》对股权结构的要求，分散国有企业股权，降低国有企业风险；（3）学习国际先进企业的股权设置结构，并结合自身特点调整境内国有企业股权结构。

第二，优化董事会和监事会人员构成。从在境外上市国有企业董事会和监事会规模看，尽管其已经按照上市地要求进行了调整，但是其无论是董事会规模还是独立董事和监事会规模均处于较低水平，这就要求境外上市国有企业进一步扩大董事会、监事会规模，建立健全董事会、监事会和经理层之间的相互监督与制约机制，确保境外上市国有企业高效运转。境内上市国有企业应按照国际标准促进公司董事会和监事会的制度变迁，按照境外发达资本市场要求配备相应比例的董事会与监事会人员。同时，需要优化境内上市国有企业董事会与监事会人员构成，确保董事会和监事会人员能够切实发挥其应尽职能，保证董事会与监事会的应有权利，切实将提升公司治理水平落到实处。

第三，建立健全中国境内经理人市场。综合来看，当经理人市场不完善时，会加大企业经理管理者为追求个人利益最大化而蚕食股东利益的风险，加剧企业的“委托代理冲突”，导致资本错配程度加重，甚至会导致企业经营失败。由此便要求中国境内尽快建立并完善经理人市场，建立健全经理人评价体系，在充分保证经理人应得利益的同时，给予经理人适当激励，尽量形成经理人利益与国有企业利益的长期“捆绑”模式，激励经理人充分考虑企业的长远发展。同时还需要形成配套的经理人约束制度，对于违反职业道德的行为建立相应的惩罚机制，使经理人切实关注自身声誉。此外，中国需要培养一批优秀的职业经理人，在高等教育阶段开设相关专业课程，为完善中国经理人市场提供足够的后备力量。

第四，提高中国境内高管激励标准。从监管层前三名薪酬总额、董事前三名薪酬总额和高管前三名薪酬总额三个指标看，中国境内上市国有企业的高管激励标准明显低于境外上市国有企业，当高管激励标准偏低时会使公司经营管理层失去经营管理热情，甚至会产生为追求个人利益最大化而侵占股东利益和公司利益的行为。为了避免上述情况发生，中国境内证券市场需要进一步完善公司治理方面的相关制度安排，提高境内国有企业高管激励标准，避免国有企业经营管理者的短期行为。此外，中国境内需要进一步向境外发达证券市场学习，采取灵活多变的激励方式，如股权激励，提升高管激励标准与国有企业长期发展目标的协同性。总之，要通过切实奏效的高管激励标准带动国有企业治理水平提升，同步提高国有企业资本配置效率。

研究展望

本书以中国国有企业为研究对象，结合主流企业境外上市理论假说和资本配置相关理论，构建了国有企业境外上市纠正资本错配的理论框架。在此基础上结合柯布－道格拉斯生产函数对57家境外上市国有企业和与之匹配的57家境内上市国有企业的资本错配程度进行了测算。在此基础上通过构建计量经济模型从境外上市与境内上市、H股上市与A股上市、H＋N股上市与A股上市、H股上市与H＋N股上市四个维度依次分析了国有企业境外上市的资本错配纠正效应，并结合中介效应模型检验了国有企业境外上市资本错配纠正效应产生是受公司治理水平提升这一中介变量的影响。在本书研究之上，未来可以从如下三个方向开展进一步研究。

第一，本书在分析不同境外上市地点资本错配纠正效应差异时，从规范分析角度对实证结果进行了解释，例如，本书将在美国上市国有企业资本错配纠正效应不明显的原因归结于《2002年萨班斯—奥克斯利法案》对上市企业严苛要求导致的“遵循成本”过高。未来的研究需要进一步从经验分析的角度证明中国国有企业在美国上市的“遵循成本”到底多高，中国国有企业在美国上市能接受的“遵循成本”区间有多大。

第二，本书根据国内外相关学者的研究，运用股权、董事会、监事会、经理层、信息披露和高管激励6个一级指标和11个二级指标对国有企业公司治理水平进行了测度，而公司治理是一个相对复杂的内容，其涵盖的内容随时间推移和经济发展会具有更加宽泛的内容。因此，需要进一步增加对企业文本资料的搜集整理，选取指标量化国有企业治理水平，进一步从企业治理水平异质性入手，针对不同国有企业类别得出更具针对性的建议。

第三，企业境外上市行为是企业“走出去”的一种具体形式，时下中国“走出去”的形式还包括对外直接投资、跨国并购等多种形式，今后的研究需要进一步分析不同企业在不同“走出去”形式下的资本配置效率，为中国企业“走出去”提供更加全面的建设性意见。

参考文献

[1] 白重恩，刘俏，陆洲，等. 中国上市公司治理结构的实证研究 [J]. 经济研究，2005 (2).

[2] 白俊红，刘宇英. 对外直接投资能否改善中国的资源错配 [J]. 中国工业经济，2018 (1).

[3] 蔡昉，王德文，都阳. 劳动力市场扭曲对区域差距的影响 [J]. 中国社会科学，2001 (2).

[4] 蔡跃洲，郭梅军. 我国上市商业银行全要素生产率的实证分析 [J]. 经济研究，2009 (9).

[5] 陈永伟，胡伟民. 价格扭曲、要素错配和效率损失：理论和应用 [J]. 经济学（季刊），2011 (4).

[6] 董秀良，张婷，孙佳辉. 中国企业跨境交叉上市改善了公司治理水平吗？——基于分析师预测准确度的实证检验 [J]. 中国软科学，2016 (9).

[7] 杜莹，刘立国. 股权结构与公司治理效率：中国上市公司的实证分析 [J]. 管理世界，2002 (11).

[8] 冯根福，韩冰，闫冰. 中国上市公司股权集中度变动的实证分析 [J]. 经济研究，2002 (8).

[9] 盖庆恩，朱喜，程名望，等. 要素市场扭曲、垄断势力与全要素生产率 [J]. 经济研究，2015 (5).

[10] 龚关，胡关亮. 中国制造业资源配置效率与全要素生产率 [J]. 经济研究，2013 (4).

[11] 贺京同，何蕾. 国有企业扩张、信贷扭曲与产能过剩——基于行业面板数据的实证研究 [J]. 当代经济科学，2016 (1).

[12] 何美贤，罗建河. 企业声誉对消费者情感依恋和顾客公民行为的影响机制——基于顾客—企业认同视角 [J]. 中国流通经济，2016 (4).

[13] 胡国柳，赵阳. 公司治理水平、董事高管责任保险与盈余管理 [J]. 财经理论与实践，2017 (2).

[14] 贾东焰．国有企业股票在香港上市的法律问题以及1997年后的法律适应化和发展 [J]．政法论坛，1997 (4).

[15] 贾俊雪，应世为．财政分权与企业税收激励——基于地方政府竞争视角的分析 [J]．中国工业经济，2016 (10).

[16] 江飞涛，耿强，吕大国，等．地区竞争、体制扭曲与产能过剩的形成机理 [J]．中国工业经济，2012 (6).

[17] 江小涓．国有企业的能力过剩、退出及退出援助政策 [J]．经济研究，1995 (2).

[18] 姜永盛，程小可，李浩举．公司的资本结构决策具有学习效应吗? [J]．中央财经大学学报，2015 (10).

[19] 纪宝成，刘元春．论大规模企业盲目境外上市的缺失 [J]．中国人民大学学报，2006 (5).

[20] 季书涵，朱英明，张鑫．产业集聚对资源错配的改善效果研究 [J]．中国工业经济，2016 (6).

[21] 孔宁宁，闫希．交叉上市与公司成长——来自中国“A+H”股的经验证据 [J]．金融研究，2009 (7).

[22] 李光贵．境外上市对资本成本形成和作用的影响 [J]．经济经纬，2009 (5).

[23] 林伯强，杜克锐．要素市场扭曲对能源效率的影响 [J]．经济研究，2013 (9).

[24] 林毅夫，蔡昉，李周．中国的奇迹：发展战略与经济改革（增订版）[M]．上海：上海三联书店，1999.

[25] 李培馨．境外上市地点、融资约束和企业成长 [J]．南开经济研究，2014 (5).

[26] 李思龙，郭丽虹．市场依赖度、资本错配与全要素生产率 [J]．产业经济研究，2018 (2).

[27] 刘戒骄．竞争中性的理论脉络与实践逻辑 [J]．中国工业经济，2019 (6).

[28] 刘盛宇，尹恒．资本调整成本及其对资本错配的影响：基于生产率波动的分析 [J]．中国工业经济，2018 (3).

[29] 刘伟，李绍荣．所有制变化与经济增长和要素效率提升 [J]．经济研究，2001 (1).

[30] 刘晥蕾．纠正资源错配在经济发展中的重要作用 [J]．国际贸易问

题，2018（1）.

［31］李晓良，韩丹．国内企业境外上市对公司价值的影响研究——来自中国“A+H”股的经验数据［J］．财经理论与实践，2012（3）.

［32］李晓龙，冉光和．中国金融抑制、资本扭曲与技术创新效率［J］．经济科学，2018（2）.

［33］李欣泽，陈言．金融摩擦与资源错配研究新进展［J］．经济学动态，2018（9）.

［34］李岩，冯德连．中国境外上市中小企业国际竞争力因素分析［J］．国际经贸探索，2007（4）.

［35］罗党，刘思峰．灰色关联决策方法研究［J］．中国管理科学，2005（1）.

［36］马丁，王大贤．民营企业境外上市模式与监管挑战［J］．国际贸易，2015（5）.

［37］马骥．中国企业境外上市融资的路径依赖［J］．太平洋学报，2006（4）.

［38］马骁，刘力臻．中、美及香港证券市场借壳上市监管制度比较［J］．证券市场导报，2013（3）.

［39］马志奇，马立群．上市公司治理结构研究［J］．东南大学学报（哲学社会科学版），2018（1）.

［40］孟辉，白雪洁．新兴产业的投资扩张、产品补贴与资源错配［J］．数量经济技术经济研究，2017（6）.

［41］聂辉华，贾瑞雪．中国制造业企业生产率与资源误置［J］．世界经济，2011（7）.

［42］潘彬，金雯雯．货币政策对民间借贷利率的作用机制与实施效果［J］．经济研究，2017（8）.

［43］戚聿东，张任之．新时代国有企业改革如何再出发？——基于整体设计与路径协调的视角［J］．管理世界，2019（3）.

［44］邵宜航，步晓宁，张天华．资源配置扭曲与中国工业全要素生产率——基于工业企业数据库再测算［J］．中国工业经济，2013（12）.

［45］盛仕斌，徐海．要素价格扭曲的就业效应研究［J］．经济研究，1999（5）.

［46］沈伟．“竞争中性”原则下的国有企业竞争中性偏离和竞争中性化之困［J］．上海经济研究，2019（5）.

[47] 施炳展，冼国明. 要素价格扭曲与中国工业企业出口行为 [J]. 中国工业经济，2012 (2).

[48] 孙光国，孙瑞琦. 控股股东委派执行董事能否提升公司治理水平 [J]. 南开管理评论，2018 (1).

[49] 王亚星，李敏瑞. 资本扭曲与企业对外直接投资——以全要素生产率为中介的倒逼机制 [J]. 财贸经济，2017 (1).

[50] 王竹泉，段丙蕾，王苑琢，等. 资本错配、资产专用性与公司价值——基于营业活动重新分类的视角 [J]. 中国工业经济，2017 (3).

[51] 温忠麟，叶宝娟. 中介效应分析：方法和模型发展 [J]. 心理科学进展，2014 (5).

[52] 吴凡，卢阳春. 我国国有企业公司治理存在的主要问题与对策 [J]. 经济体制改革，2010 (5).

[53] 吴敬琏. 经济转型未成功症结在体制 [J]. 上海经济，2010 (8).

[54] 吴秋生，王少华. 党组织治理参与程度对内部控制有效性的影响——基于国有企业的实证分析 [J]. 中南财经政法大学学报，2018 (5).

[55] 肖宇. 中国概念股在美国被做空探因及对我国证券注册制改革的启示 [J]. 暨南学报（哲学社会科学版），2014 (4).

[56] 邢天添，任怡. 境外上市 VIE 结构企业的税收监管问题 [J]. 税务研究，2015 (7).

[57] 徐伟，张荣荣，刘阳，等. 分类治理、控股方治理机制与创新红利——基于国有控股上市公司的分析 [J]. 南开管理评论，2018 (3).

[58] 杨光，孙浦阳，龚刚. 经济波动、成本约束与资源配置 [J]. 经济研究，2015 (2).

[59] 杨帆，徐长生. 中国工业行业市场扭曲程度的测定 [J]. 中国工业经济，2009 (9).

[60] 杨雪，孙靖超. 中美内部控制信息披露比较研究——基于纽约证券交易所中国上市公司的考察分析 [J]. 税务与经济，2016 (4).

[61] 杨志才，柏培文. 要素错配及其对产出损失和收入分配的影响研究 [J]. 数量经济技术经济研究，2017 (8).

[62] 鄢萍. 资本误配置的影响因素初探 [J]. 经济学（季刊），2012 (2).

[63] 姚毓春，袁礼，董直庆. 劳动力与资本错配效应：来自十九个行业的经验证据 [J]. 经济学动态，2014 (6).

[64] 叶陈刚，裘丽，张立娟. 公司治理结构、内部控制质量与企业财务

绩效 [J]. 审计研究, 2016 (2).

[65] 易纲, 樊纲, 李岩. 关于中国经济增长与全要素生产率的理论思考 [J]. 经济研究, 2003 (8).

[66] 易宪容, 卢婷. 国内企业境外上市对中国资本市场的影响 [J]. 管理世界, 2006 (7).

[67] 于小喆. 国有企业控制权机制中的“内部人控制”问题及解决思路 [J]. 财政研究, 2012 (11).

[68] 张功富. 市场竞争中的企业投资行为理论与实证研究 [M]. 北京: 经济科学出版社, 2009.

[69] 张鸿. 美国和我国香港上市公司的独立董事制度及启示 [J]. 经济纵横, 2001 (1).

[70] 张建卫. 我国国有企业境外上市策略选择——兼析某国有企业境外上市的案例 [J]. 中国流通经济, 2014 (4).

[71] 张杰, 周晓艳, 郑文平, 等. 要素市场扭曲是否激发了中国企业出口 [J]. 世界经济, 2011 (8).

[72] 张庆君. 要素市场扭曲、跨企业资源错配与中国工业企业生产率 [J]. 产业经济研究, 2015 (4).

[73] 张兴龙, 沈坤荣. 中国资本扭曲的产出损失及分解研究 [J]. 经济科学, 2016 (2).

[74] 张屹山, 胡茜. 要素质量、资源错配与全要素生产率分解 [J]. 经济评论, 2019 (1).

[75] 张原. 中国对“一带一路”援助及投资的减贫效应——“授人以鱼”还是“授人以渔” [J]. 财贸经济, 2018 (12).

[76] 赵昕东, 刘成坤. 人口老龄化对制造业结构升级的作用机制研究——基于中介效应模型的检验 [J]. 中国软科学, 2019 (3).

[77] 赵自芳, 史晋川. 中国要素市场扭曲的产业效率损失——基于 DEA 方法的实证分析 [J]. 中国工业经济, 2006 (10).

[78] 郑志刚. 对公司治理内涵的重新认识 [J]. 金融研究, 2010 (8).

[79] 周超. 对外直接投资与生产率: 学习效应还是自选择效应 [J]. 世界经济研究, 2018 (1).

[80] 周金凯, 戴臻. 基于灰色关联度分析法的中国中间产品贸易影响因素分析 [J]. 国际商务 (对外经济贸易大学学报), 2017 (4).

[81] 周清杰. 公司治理效率: 一个基于制度经济学的分析 [J]. 财经科

学，2003（3）.

［82］祝树金，赵玉龙．资源错配与企业的出口行为——基于中国工业企业数据的经验研究［J］．金融研究，2017（11）.

［83］Adolf A Berle J，Means G C，Sciences C U C F. Modern Corporation and Private Property［M］. Chicago：Commerce Clearing House，Loose leaf Service division of the Corporation Trust Company，1932.

［84］Alexander G J，Eun C S，Janakiramanan S. Asset Pricing and Dual Listing on Foreign Capital Markets：A Note［J］. The Journal of Finance，1987（1）.

［85］Aoki S. A Simple Accounting Framework for the Effect of Resource Misallocation on Aggregate Productivity［J］. Journal of the Japanese and International Economies，2012（4）.

［86］Asker J，Collard-Wexler A，De Loecker J. Dynamic Inputs and Resource（Mis）allocation［J］. Journal of Political Economy，2014（5）.

［87］Baily M N，Hulten C，Campbell D，et al. Productivity Dynamics in Manufacturing Plants［M］. Brookings Papers on Economic Activity Microeco，1992.

［88］Banerjee A V，Moll B. Why Does Misallocation Persist？［J］. American Economic Journal：Macroeconomics，2010（1）.

［89］Baron R M，Kenny D A. The Moderator-Mediator Variable Distinction in Social Psychological Research：Conceptual，Strategic，and Statistical Considerations［J］. Journal of Personality and Social Psychology，1986（6）.

［90］Barteslman M D A E. Understanding Productivity：Lessons from Longitudinal Microdata［J］. Journal of Economic Literature，2000（3）.

［91］Black B S. Tte Legal and Institutional Preconditions for Strong Securities Markets.［J］. UCLA Law Review，2001（4）.

［92］Brandt L，Tombe T，Zhu X. Factor Market Distortions Across Time，Space and Sectors in China［J］. Review of Economic Dynamics Review of Economic Dynamics，2013（1）.

［93］Chairperson M B S，Stapleton R C，Subrahmanyam M G. Market Imperfections，Capital Market Equilibrium and Corporation Finance［J］. The Journal of Finance，1977（2）.

［94］Chan S Y，MacNeil I，Lau A K L. The Lawyers Perceptions on Ooverseas Incorporated Companies Listed in Hong Kong［J］. Managerial Auditing Journal，2001（5）.

[95] Coase R H. The Nature of the Firm [J]. Economica, 1937 (16).

[96] Coffee Jr. J C. Racing Towards the Top?: The Impact of Cross-Listings And Stock Market Competition on International Corporate Governance [J]. Columbia Law Review, 2002 (7).

[97] Doidge C, Karolyi G A, Stulz R M. Why Are Foreign Firms Listed in the U. S. Worth More? [J]. Journal of Financial Economics, 2004 (2).

[98] Doidge C. U. S. Cross-Listings and the Private Benefits of Control: Evidence from Dual-Class Firms (Article) [J]. Journal of Financial Economics, 2004 (3).

[99] Easley D, O'Hara M. Information and the Cost of Capital [J]. The Journal of Finance, 2004 (4).

[100] Fang L, Peress J. Media Coverage and the Cross-section of Stock Returns [J]. The Journal of Finance, 2009 (5).

[101] Forester S R, Karolyi G A. The Effects of Market Segmentation and Investor Recognition on Asset Prices: Evidence from Foreign Stocks Listing in the U. S [J]. Journal of Finance, 1999 (3).

[102] Fombrun C J, Rindova V. Reputation Management in Global 1000 Firms: A Benchmarking Study [J]. Corporate Reputation Review, 1998 (3).

[103] Fombrun C, Shanley M. What's in a Name? Reputation Building and Corporate Strategy [J]. The Academy of Management Journal, 1990 (2).

[104] Hamermesh D S, Pfann G A. Adjustment Costs in Factor Demand [J]. Journal of Economic Literature, 1996 (3).

[105] Hart O. Corporate Governance: Some Theory and Implications [J]. The Economic Journal, 1995 (430).

[106] Hsieh C, Klenow P J. Misallocation and Manufacturing TFP in China and India [J]. The Quarterly Journal of Economics, 2009 (4).

[107] Jensen M C, Meckling W H. Theory of the Firm: Managerial Behavior, Agency Costs and Capital Structure [J]. Journal of Financial Economics, 1976 (4).

[108] Johnson S, Porta R L, Lopez-De-Silanes F. Tunneling [J]. American Economic Review, 2000 (2).

[109] La Porta R. Law and Finance [J]. Journal of Political Economy, 1998 (6).

[110] La Porta R, Lopez-De-Silanes F, Vishny A S A R. Legal Determinants

of External Finance [J]. Journal of Finance, 1997 (3).

[111] Leuz C. Cross Listing, Bonding and Firms' Reporting Incentives: A Discussion of Lang, Raedy and Wilson [J]. Journal of Accounting and Economics, 2006 (1).

[112] Licht. A N. Cross-Listing and Corporate Governance: Bonding or Avoiding? [J]. Chicago Journal of International Law, 2003 (1).

[113] Lipton M, Mirvis T N, Rosenblum S A. Ownership and Control: Rethinking Corporate Governance for the Twenty-First Century-Blair, MM [J]. New York University Law Review, 1995 (5).

[114] Ma L, Chen D, Gao L. Overseas Listing, Voluntary Corporate Governance and Performance [J]. Frontiers of Business Research in China, 2008 (3).

[115] Means A A B A. The Modern Corporation and Private Property [M]. The Macmillan Company, 1939.

[116] Mendelson Y A. Asset Pricing and the Bid-Ask Spread *1 [J]. Journal of Financial Economics, 1986 (2).

[117] Merton R C. A Simple Model of Capital Market Equilibrium with Incomplete Information [J]. Journal of Finance, 1987 (3).

[118] Milgrom P, Roberts J. Predation, Reputation and Entry Deterrence. [J]. Journal of Economic Theory, 1982 (2).

[119] Pagano M, Röell A A, Zechner J. The Geography of Equity Listing: Why Do Companies List Abroad? [J]. Journal of Finance, 2002 (6).

[120] Peters M. Heterogeneous Mark-ups, Growth and Endogenous Misallocation [J] Econometrica, 2013 (5).

[121] Reese J W A, Weisbach M S. Protection of Minority Shareholder Interests, Cross-Listings in the United States, and Subsequent Equity Offerings. [J]. Journal of Financial Economics, 2002 (1).

[122] Restuccia D, Rogerson R. Misallocation and productivity [J]. Review of Economic Dynamics Review of Economic Dynamics, 2013 (1).

[123] Roberts P W, Dowling G R. Corporate Reputation and Sustained Superior Financial Performance (Article) [J]. Strategic Management Journal, 2002 (12).

[124] Siegel J. Can Foreign Firms Bond Themselves Effectively by Renting US Securities Laws? [J]. Journal of Financial Economics, 2005 (2).

[125] Stulz R M. Globalization, Corporate Finance, and the Cost of Capital

[J]. The Bank of America Journal of Applied Corporate Finance, 1999 (3).

[126] Sun Q S Q, Tong W T W H, Wu Y W Y. Overseas Listing as a Policy Tool: Evidence from China's H-shares [J]. Journal of Banking and Finance, 2013 (5).

[127] Tirole J. Corporate Governance [J]. Econometrica, 2001 (1).

[128] Wacziarg R. Review of Easterly's The Elusive Quest for Growth [J]. Journal of Economic Literature, 2002 (3).

[129] Wei C W C, Li C L C. Resource Misallocation in Chinese Manufacturing Enterprises: Evidence from Firm-Level Data [J]. Journal of Cleaner Production, 2016 (4).

[130] Williams R J, Barrett J D. Corporate Philanthropy, Criminal Activity, and Firm Reputation: Is There a Link? [J]. Journal of Business Ethics, 2000 (4).

后　　记

本书是在我博士论文的基础上修改完成的，回忆整个博士论文的撰写过程用痛苦二字来形容一点也不为过，从选题时的迷茫到开题前的焦虑再到撰写过程遇到的各种问题，既是磨炼意志的过程，也是自我成长的过程。在我博士论文出版之际需要对各位老师、朋友、家人的关心和帮助表示深深的感谢。

首先，我要衷心地感谢我的恩师李向阳研究员，李老师是一位平易近人的儒雅学者，从三年前报考李老师博士时第一封邮件的沟通到复试时的第一次见面，再到整个博士期间无数次与老师的沟通交流，深深地被老师诲人不倦的态度和高屋建瓴的学术观点所折服。李老师严谨的治学态度、一丝不苟的治学作风深深地影响了我，今后我会努力成为一位有思想、有温度、有情怀的科研工作者。作为亚太与全球战略研究院院长，李老师平时行政工作繁忙，但对我毕业论文的要求却从未放松，从对论文选题的一次次讨论，到论文提纲的确定，再到行文的完成，李老师均倾注了大量心血，在此向李老师道一声："您辛苦了。"此外，我还要深深地感谢师母郑梅女士对我学业和生活的关心，师母豁达的人生态度深深地影响着我。结草衔环，今后唯有更加勤奋努力才能对恩师和师母的栽培之恩略作回报。

感谢我的硕士导师马文秀教授，马老师是我学术生涯开始的领路人，硕士求学过程中是马老师把我带入了学术的殿堂，并一直鼓励我在学术道路上走下去。在此感谢马老师多年来对我学业和生活的关心。

感谢朴光姬研究员，朴老师是一位女神级的老师，在担任亚太与全球战略研究院科研处长的同时还兼任系秘书工作，博士期间无数次的盖章、签字都是朴老师帮忙完成的，在此对朴老师的辛勤付出表示深深的感谢。此外，感谢朴老师对我学业和生活的关心，论文开题过程中朴老师提出的宝贵意见更是使论文增色不少。

感谢中国人民大学雷达教授、对外经济贸易大学李计广教授、中国社会科学院亚太与全球战略研究院王玉主研究员和沈铭辉研究员在论文开题时提出的宝贵意见。

感谢中央财经大学张礼卿教授和谭小芬教授、对外经济贸易大学李计广教授、中国社会科学院亚太与全球战略研究院王玉主研究员和沈铭辉研究员百忙之中对我的论文进行评阅。

感谢中国人民大学雷达教授、北京师范大学贺力平教授、中央财经大学谭小芬教授、中国社会科学院亚太与全球战略研究院王玉主研究员和沈铭辉研究员参加我的论文答辩并提出进一步完善论文的意见。

感谢我的班主任邱伟立老师一直对我生活和学业的关心。

感谢我的室友王震博士，从博士复试相识到整个博士期间的陪伴，在焦虑时我们互相鼓励，在情绪出现波动时我们互相安慰，在学术研究上我们共同交流，正是因为有了他的陪伴才使得我的整个博士生活不再孤单。

感谢亚洲太平洋研究系我的同学陈明灼博士、蒋芳菲博士，明灼哥和芳菲姐作为系里的哥哥姐姐，一直给予我生活上的关心和学业上的建议，博士期间我们建立了深厚的友情，我已经习惯在做决定时征求他们的建议，这份弥足珍贵的友情会成为我一生最宝贵的财富。

感谢世界经济与政治研究所东艳老师长期以来对我学业和工作的关心，东老师是师门中优秀的师姐，我会以东老师为榜样，争取在学术上取得更大的进步。

感谢我的同学刘瑶博士，作为科研“大神”级别的选手，刘瑶博士具有扎实的专业基本功、出色的计量经济学功底和数理分析能力，在我论文的撰写过程中刘瑶博士提出了诸多有益的建议，在此表示深深的感谢。

感谢迟歌师姐、姜雪冰师姐、伍晓光师兄、李芳师姐、李嗜成师兄在生活和学业上的帮助，敦促我不断进步和提高。

感谢我读博期间各位好友温佳楠博士、李恩极博士、陈琭博士、夏雯雯博士、于婷博士、刘昱辰博士、贺杨博士、王洪映博士、张建岗博士、张盛楠博士等的陪伴，正是有了你们才使得我的博士生活多姿多彩。

感谢我的师妹孟彤在本书的修改和校对过程中付出了大量的时间和精力。

感谢我的父母，转眼将至而立之年，一直在外求学而尚未回报父母的养育之恩，今后唯有加倍努力来报答父母的恩情。

博士期间有幸结识了北京师范大学李彦龙博士和袁然博士、北京交通大学范家铭博士，希望未来我们能有深入合作的机会……

感谢经济科学出版社崔新艳女士百忙之中对本书的审阅。

感谢中国社会科学院研究生院这个被同学们亲切地称为“小院”的地方，

我在小院中度过了人生最美好的三年，这里学术大师云集，学习环境优越，治安环境一流，是开展学术研究的沃土。今后我会秉持“笃学、慎思、明辨、尚行”的校训精神，做一位优秀的科研工作者。

衷心地祝福我的老师、我的家人平安健康！祝福我的朋友、各位兄弟姐妹前程似锦！祝福中国社会科学院研究生院取得新的更大的辉煌！

国有企业境外上市的
资本错配纠正效应研究

封面设计：陈宇琰

ESP

ISBN 978-7-5218-2318-9
9 787521 823189

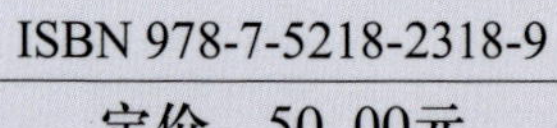
ISBN 978-7-5218-2318-9
定价：50.00元